U0107249

中华
经典通识

《孙子兵法》通识

尹世尤——著

中华书局

图书在版编目（CIP）数据

《孙子兵法》通识/尹世尤著. —北京:中华书局,2024.3
（中华经典通识）
ISBN 978-7-101-16451-0

Ⅰ.孙…　Ⅱ.尹…　Ⅲ.《孙子兵法》-研究　Ⅳ.E892.25

中国国家版本馆 CIP 数据核字（2023）第 231319 号

书　　　名	《孙子兵法》通识
著　　　者	尹世尤
丛 书 名	中华经典通识
主　　编	陈引驰
丛书策划	贾雪飞
责任编辑	贾雪飞　詹庆莲
封面设计	毛　淳
责任印制	管　斌
出版发行	中华书局
	（北京市丰台区太平桥西里 38 号　100073）
	http://www.zhbc.com.cn
	E-mail:zhbc@zhbc.com.cn
印　　刷	天津图文方嘉印刷有限公司
版　　次	2024 年 3 月第 1 版
	2024 年 3 月第 1 次印刷
规　　格	开本/880×1230 毫米　1/32
	印张 6½　字数 100 千字
印　　数	1-8000 册
国际书号	ISBN 978-7-101-16451-0
定　　价	52.00 元

编者的话

经典常读常新，一代有一代的思想，一代有一代的解读。"中华经典通识"系列丛书，邀请当今造诣精深的中青年学者，为读者朋友们讲授通识课。希望通过一本"小书"，轻松简明地讲透一部中华传统经典。

本系列丛书由复旦大学陈引驰教授主编，每本书的作者都是该领域的名家，他们既有深厚的学养，又长于深入浅出，融会贯通。每本书都选配了大量相关的图片，图文相生，能增强阅读的趣味性。

希望这套丛书，能成为人们了解中华传统文化的可靠津梁。

目　录

一部不主张打仗的兵书

众所周知,《孙子兵法》是一部兵书,它揭示战争规律,奠基中国古典军事理论,在中国古代浩如烟海的军事著作中一直独占鳌头。然而,很多人所不了解的是,被称为"古代第一兵书"的《孙子兵法》却不主张打仗,反而主张慎战,乃至不战,积极倡导和平。作为一部兵书,《孙子兵法》却以谋求和平为主旨,这是为什么呢?

首先应当明确的是,《孙子兵法》的第一重身份是兵书,是一部讲领兵打仗的书。作为兵家智慧的源泉、克敌制胜的法宝,《孙子兵法》毫无疑义是我国古代军事著作中最具代表性的杰作,也是世界上现存最早、最有影响的古典军事理论名著。它构筑了中国古代兵学理论的基本框架,也深远地影响了外国的军事思想理论,历来有"兵家圭臬""百世谈兵之祖""古代第一兵书"的美誉,堪称武学之圣典、兵家之绝唱。这是因为：

第一，《孙子兵法》是中国，也是世界现存最早的兵学圣典。《孙子兵法》成书于春秋末期，距今 2 500 余年。全书十三篇，短短六千言，舍事而言理，辞约而义丰，言近而旨远，对以往兵家的理论和实践进行了广泛、全面、系统、深刻的总结，并就有关古代军事几乎所有问题——如战争观点与效益、将领选拔与任用、部队训练与教育、军事地理与地形、战略战术与战法、军事与政治、军事与经济、军事与外交、军事建设与后勤保障、战事预测与战场决策、战争指导与特殊战法、间谍使用与情报搜集等，提出了一系列极具创造性和前瞻性的思想、观点，是中国古代兵学理论的集大成之作。

第二，《孙子兵法》代表中国，乃至世界军事理论的至高成就。从先秦到清代，中国兵书汗牛充栋，《孙子兵法》为至高经典。北宋时期，朝廷颁行《武经七书》作为军事教科书，由《孙子兵法》《吴子兵法》《六韬》《司马法》《黄石公三略》《尉缭子》《唐太宗李卫公问对》七部兵书汇编而成，《孙子兵法》位列其首。国际上，公认中国的《孙子兵法》、德国的《战争论》、日本的《五轮书》为"世界三大兵书",《孙子兵法》同样位列首位,但它比《战争论》早2 300多年,比《五轮书》早2 100多年。唐太宗李世民称:"朕观诸兵书,无出孙武。"明代茅元仪赞道:"先秦之言兵者六家,前孙子者,孙子不遗;后孙子者,不能遗孙子。"英国陆军元帅蒙哥马利建议,世界上所有的军事学院都应把《孙子兵法》列为必修课程。

一个"最早",一个"至高",充分彰显了《孙子兵法》在中国和世界军事理论思想史上的地位。的确,作为兵书的《孙子兵法》是一部从战略高度论述军事问题的不朽之作,其所蕴含的智慧谋略、战略方针、作战计策等,对于如何达到既定战略有着缜密的全盘谋划。读懂《孙子兵法》及其中的道理,你就可以预知战争或战役的走向;遵循孙子的计谋和原则,你就是胜利的一方,是名副其实的军事奇才。

然而,作为兵学圣典的《孙子兵法》却不主张打仗,反而主张慎战,甚至不战,并以倡导和谋求和平为主旨,是一部实实在在的不主张打仗的兵书,堪称世界兵书中的"另类"。

（清）佚名绘《圣帝明王善端录·唐太宗》

此画表现了"渭水之盟"。唐朝武德九年（626）八月，太宗李世民刚登基，政权不稳。突厥的大军就攻至距离长安不远的泾阳（今属陕西）。此时，长安兵力空虚，唐太宗巧设疑兵之计，亲率高士廉、房玄龄等人隔着渭水，与颉利可汗对话，怒斥其背约。《资治通鉴》记载唐太宗杀白马与突厥可汗缔结"渭水之盟"，突厥兵于是退去。

　　"慎战"是《孙子兵法》战争观最核心的内容，也是贯通全书的指导思想。所谓"慎战"，简言之，就是小心谨慎地对待战争。《孙子兵法》开宗明义，开篇便鲜明透彻地阐述了战争的地位和影响："兵者，国之大事，死生之地，存亡之道，不可不察也。"（《始计篇》）这就明确表达了作者对战争的基本态度和看法：战争是关系国家存亡、百姓生死的头等大事，必须慎重对待，认真考察研究。这一论断表达了两层意思：一是不轻言战事，因为代价太大，国家之间动辄兵戎相见，不仅仅有财产损失，人类还要为此遭受苦难；二是迫不得已用兵的情况下，必须小心谨慎、周密细致地谋划战争。

　　《孙子兵法》的慎战思想浸透着深沉的理性和冷静，其对战争的理解和论述既没有欧洲一些战争论著中的激情，也不颂扬个人英雄主义。孙子强调君主和将帅不可轻启战端，要做到"非利不动，非得不用，非危不战"。他着重指出："主不可以怒而兴师，将不可以愠而致战。"因为"怒可以复喜，愠可以复悦，亡国不可以复存，死者不可以复生"。这些论述既强调了战争对国家、民族的谨慎性，也揭示了战争的破坏性和残暴性。所以他说，对待战争"明君慎之，良将警之"。（《火攻篇》）

之大凡後乃
次其事詳之

袁了凡曰先
言經之以五
言後言校之
以利軍權
經言利制
權緯言二
字一篇眼骨
所論五事大
都本軒輈來

孫子參同卷一

始計第一　　蘇老泉曰孫吳之簡切十三篇中具見之

孫子曰兵者國之大事死生之地存亡之道不可不察也。故經之以五事校之以計而索其情。一曰道二曰天三曰地四曰將五曰法道者令民與上同意可與之死可與之生而不畏危也。天者陰陽寒暑時制也。地者遠近險易廣狹死生也。將者智信仁勇嚴也。法者曲制官道主用

孫子卷同卷一　　　　　　　一

（明）闵于忱辑《孙子参同》书影

全书共五卷，内容以李贽编纂评注为底本，依《孙子兵法》十三篇，每篇下首列魏武帝原注，附以李贽、王凤洲、袁了凡等人的评语。此为明万历四十八年（1620）闵于忱松筠馆刊朱墨套印本。

　　孙子清醒地意识到动用暴力手段并不是解决国家冲突的最佳选择。他主张"不战而胜"，追求"全胜"，认为战争的最高境界是"不战而屈人之兵"，强调尽量避免战争或把战争的灾难降到最低程度。为此，孙子尚智重谋，把"上兵伐谋"作为达成作战目的的战略上的最佳选择；其次是伐交，迫不得已时才是伐兵、攻城。在孙子看来，谋略上出奇制胜，外交上纵横捭阖同样可以达到使敌人受挫的目的，同时又可以把自己的损失降到最小，这本质上是一种力争以和平方式实现战略目的的理性选择。"中国传统文化中蕴含着对和平的热爱。就连兵书《孙子兵法》都曾警示：战争永远是最后的选择。"美籍教授潘维廉熟读《孙子兵法》后发现了这个秘密。

　　《孙子兵法》主"和"不主战，与孙子的经历密切相关。孙子胸怀大志，穷极半生研习兵法，所愿乃是天下太平无事，百姓黎民得享安康，而不是冤冤相报、战乱不止。然青年时目睹四姓之乱，首次体会到了战乱争斗的血腥和残暴；及年长伐楚破郢时，更是目睹了士兵的滥杀无辜、伍子胥的掘坟鞭尸和楚王的穷兵黩武，孙子内心极度悲凉，愈发感到离自己写作兵书、出山

伍子胥像

选自清代丁善长绘《历代画像传》。

施展抱负的初衷愈来愈远，于是最后设计逃离吴国，隐居山林，终老余生。此外，孙子，姓孙名武。武者，止戈也，暗合兵书慎战和平之意，寓意诸国友善相处，天下苍生安泰，这才是大德、天道。

《孙子兵法》开篇提出"兵者，国之大事"的重要命题，阐述慎战重战的思想，高屋建瓴，振聋发聩，其间既有不可好战的警示，也包含忘战必危的训告，鲜明体现了《孙子兵法》战争观的辩证法，与中国传统军事思想文化的精神高度契合。中国传统军事思想文化在主张不可"忘战"的同时，反对"乐战""好战"，强调"慎战""义战"。比如，《左传》认为："国之大事，在祀与戎。"《慎兵论》强调："兵不可好，好兵者嗜杀人也；战不可忘，忘战者弃民者也。"《司马法》则告诫说："国虽大，好战必亡。"而《老子》更是直截了当地说："兵者不祥之器，非君子之器，不得已而用之。"等等。

与儒、墨一味"非战""反战"的立场相比，孙子的慎战思想无疑更接近现实和真理。儒家、墨家把战争区分为"诛"（正义战）和"攻"（非正义战）两类，讲求"义战"，这在当时"春秋无义战"的现实中只能是一种理想的追求和愿望。《孙子兵法》并不着重战争的"正义"和"非正义"的规定及区分，只是从战争自身残暴性以及对国家、民众之重要性的价值尺度提出慎战思想，关心的是如何把握和处理现实的战争。与一般国外军事理论或《战争论》中崇尚暴力，强调战场正面冲杀相比，《孙子兵法》则崇尚理性，讲求道义，侧重计谋和战略。日本著名《孙子兵法》研究专家服部千春认为，《孙子兵法》作为东方的兵学圣典，与西方的军事名著《战争论》"主战论"不同，其主导思想则是"不战论"，孙子乃是和平主义者——争取和平，谋求"不战而屈人之兵"是《孙子兵法》的思想精髓。他主张人类应该格外珍视《孙子兵法》谋求和平之主旨，让《孙子兵法》成为捍卫世界和平的思想武器，为人类和平美好服务。

"自古知兵非好战。"以《孙子兵法》为代表的中国传统兵学的伟大之处，不仅在于它揭示和创造了不朽的作战通则，更在于高举义战、慎战的旗帜，反对穷兵黩武。唯研究战争最透彻的人最反对战争，此言不虚。可见，《孙子兵法》尽管是一部兵书，但其指导思想是"慎战"，乃至"不战"。概言之，《孙子兵法》不是以作战为主的，是以不打仗为主的；不是战法，是不战之法；不是战胜之法，是不战而胜之法。春秋时期，整个社会大动乱、大分裂、大改组，孙子撰写兵法十三篇，从实质上说就是制止分裂，追求统一。这种富于理性的科学思想，在全球化的今天，闪耀着人道主义与和平主义的光辉，在现代化国际生活中尤其值得高扬。

避免战争，追求和平，是人类永恒的主题。经历了无数战争后，人类对于战争与和平的认识更理智了，对于和平的追求更强烈了。我们为什么要战争？战争的目的在哪儿？以什么标准去评判衡量战争的胜负？战争的最高艺术就是避免战争的发生。《孙子兵法》崇尚和平、力避战争，主张伐交、重视谈判，倡导人道、减少灾难，其所追求的最大目标是人类的和平。

《孙子兵法》这一富于哲理、饱含辩证思维的慎战思想，或许能够给我们提供一个与《战争论》完全不同的视角。澳大利亚有一个学者曾讲，19 世纪的战争以法国约米尼的思想为指导，20 世纪的战争以克劳塞维茨的思想为指导，21 世纪的战争将来要受孙子和利德尔·哈特的影响。但愿 21 世纪少些战争，多些和平！

读到这里，我想大家应该大致明白了：作为兵书的《孙子兵法》，不主张打仗，反而倡导和平，既与孙子对战争本质的认识直接关联，也与孙子的人生志向、抱负直接关联，还与他早年的人生经历和出山后指挥战争造成的破坏直接关联，更与中国优秀传统文化中和平、和谐、合作的基因高度吻合。

一 "兵圣"孙武

　　兵圣，即兵家至圣。东方兵圣指中国古代著名军事家孙武，他与孔子并称"文武二圣"，其所著兵书《孙子兵法》十三篇，为后世兵法家所推崇，被誉为"兵学圣典"。孙武为什么能成为享誉世界的军事大家？国外学者为什么尊称他为"兵圣"（the ultimate master of war）？这么一个堪称神奇的人物究竟有着怎样的人生际遇？

1. 出身世家

　　孙武，字长卿，春秋末期齐国乐安（今山东广饶县，一说作惠民县）人，生卒年不详，大约与孔子同时代。孙武出身军事世家，成长于齐国有着浓厚兵学传统的田氏家族，曾祖、祖父都精通兵法，为齐国名将。祖父田书颇有军事才干，以智谋勇武闻名。公元前523年，田书受命率兵攻打莒国，立下赫赫战功，受到齐景公的嘉奖封赏。据史书记载，景公表彰田书有两项决定：一是赐姓"孙氏"，田书由此改称孙书，成为乐安孙氏家族始祖，这对一个将门之

孙武像

家来说，无疑是莫大荣誉；二是食采于乐安，也就是把乐安作为封地赏给田书，乐安自然就成了孙武出生、成长的地方。受家庭环境的影响和齐国军事文化的熏陶，孙武从小就喜欢兵法。而家世的显赫，又使他有条件接触、参阅齐国收集到的各种军事文献和有关战争的记录，使他有机会聆听齐国将卿大夫们议政论兵的声音。有这么好的出身和家庭条件已经让人很羡慕了，但孙武偏偏又刻苦努力、勤奋好学，于是成全了自己的渊博才识。所有这一切为孙武在年纪轻轻时就能完成《孙子兵

法》这一旷世奇书打下了良好的基础。

青年时的孙武，不仅学识渊博，才华横溢，胸怀大志，腹藏良谋，还富有个性，有着跟同龄人不一样的思维和选择。《吴越春秋》描述他发怒时的情状是："两目忽张，声如骇虎，发上冲冠，项旁绝缨。"然而，正当他踌躇满志，欲遂平生之愿时，公元前532年，齐国贵族田氏联合鲍氏，包围正在宴饮的栾氏和高氏并发生激烈战斗，史称"四姓之乱"。目睹"四姓之乱"的重大变故，孙武不愿置身险恶，纠缠其中，再加上齐景公贪恋酒色、偏听偏信、昏庸无道，曾经为齐国立下汗马功劳、与孙武同为田氏后裔的大司马田穰苴（又称司马穰苴）屡遭谗言，抑郁而终，这对孙武触动很大，他对齐国失望至极，于是萌生远奔他乡、另谋出路的念头。经反复权衡，公元前517年，年轻的孙武毅然外徙奔吴，离开齐国，南下吴国。

一路饥餐渴饮、晓行夜宿，孙武辗转到了吴国都城姑苏（今江苏苏州）。在姑苏城的一处郊区，孙武看山望水，孤食寡宿，一度过着隐居生活。他一面潜心研究兵法，撰写兵书，成就兵法十三篇，一面关注时局变化，冷静观察吴国的政治动向，伺机施展抱负和才能。

2. 献书阖闾

公元前 515 年，吴国内乱，公子光设伏刺杀了吴王僚，成为新任国君，史称吴王阖闾。阖闾即位后即显强国之志。他励精图治，广揽人才，起用贤士，欲成霸业。深知阖闾心思的谋臣伍子胥借与阖闾论兵之机，一日之内七次举荐孙武，他说："此人精通韬略，有鬼神不测之机，天地包藏之妙，自著《兵法》十三篇，世人莫知其能，隐于罗浮山之东。诚得此人为军师，虽天下莫敌，何论楚哉？"伍子胥认为孙武是真正可以"折冲销敌"的主将人选。阖闾于是决定召见孙武。

公元前 512 年，孙武应召携兵法十三篇见吴王阖闾，并献书。阖闾第一句话就是："子之十三篇，吾尽观之矣。"对其兵法大加赞叹，连连称妙。阖闾赐座后，两人问对，孙武"每陈一篇，王不知口之称善，其意大悦"（《吴越春秋·阖闾内传》）。言谈中，孙武惊世骇俗的言论、新颖独到的见解，打动了一心图霸的阖闾。他为孙武横溢的军事才华所折服，为自己终于找到一位杰出的将才而深感庆幸。然春秋乱世，欺世盗名者大有人在。阖闾虽见识了孙武的谈吐才识，也手握着兵法奇书，但心中仍有不少疑问待解：孙武确有真才实学吗？兵书管用吗？会不会仅限于纸上谈兵？于是就有了下面"吴宫教战"的故事。

3. 吴宫教战

"吴宫教战"的故事，应该说是众人皆知。所谓"吴宫教战"，指的是孙武以兵书见吴王阖闾时，应阖闾要求，在吴国的姑苏王宫内用宫女演练阵法的故事。司马迁在《史记·孙子吴起列传》中比较详细地记载了这个故事。

吴宫教战，从孙武的角度看，起到了一箭双雕的功效。一是向阖闾证实了自己确有非同一般的治军指挥才能，不是冒牌货；二是他也借机试探了阖闾是不是一位值得拥戴辅佐的贤明君主，到底是爱江山还是更爱美人。从阖闾这方面看，经此"实战"，他亲身领略了孙武思想谋略和军事指挥兼备的才华。

教战过程中，孙武贯彻了严肃军纪、信赏明罚、以法治军的治军理念和"将在外，君命有所不受"的指挥原则。孙武不听劝阻，毅然处死了阖闾的两名宠姬，阖闾虽有懊悔，但却从内心深处认同了孙武的军事才干，于是果断拜孙武为将，让其统率三军，是为"客卿将军"。"客卿"就是任命别国人士在本国做官，其位为卿，而以客礼待之。自此，尚智的孙武与尚德的伍子胥一起，共同辅佐尚武的阖闾，君臣同心，使吴国迅速崛起。孙武由此脱颖而出，开始了他叱咤风云的军旅生涯，走上了风云变幻的历史前台。

4. 助吴霸业

《孙子兵法》来自战争实践，同时又被战争实践所验证。孙武本人就是最早的践行者。

孙武任将后，带着阖闾的信任和期望，不遗余力地为吴国霸业贡献自己的聪明才智。他与伍子胥共谋伐楚，亲自统帅指挥了柏举之战，给予楚国致命一击，奠定了吴国争霸的坚实基础。

彼时楚国兵多将广、国力强盛，吴国本是楚国的属国，国力远不及楚国，两国军事力量悬殊。面对楚强吴弱的现实，孙武和伍子胥向阖闾提出了"疲楚误楚"的持久消耗战略，帮助吴国完成了敌我优劣态势的转换。而所谓"疲楚误楚"，就是把吴军分为三支，轮番游弋于楚国边界，或骚扰或佯攻，不断制造事端，使其疲于奔命，穷于应付，斗志沮丧，从而大量耗费国力；同时飘忽不定的战法、"能而示之不能"的诡道之法的运用，给楚军造成一种错觉，诱使其作出错误判断，误以为吴军只是骚扰而已，不敢和楚军决战，从而放松应有的警惕。吴军如此反复袭扰楚军，长达六年多。

公元前506年，时机业已成熟。吴王阖闾御驾亲征，任命孙武、伍子胥、伯嚭为将军，以兵法为指导，大胆运用奇袭战略，率三万吴军，千里奔袭，深入楚国腹地，远距离袭占楚国的都城郢都，打响自商周以来规模最大、战场最广、战线最长的柏举之战。吴军遵循孙武"出其不意，攻其不备"和"以迂为直"的作战指导思想，取得了以三万吴军破楚军二十万的辉煌战绩，创造了历史上以少胜多、以弱胜强的经典战例。

柏举之战，孙武亲自参与指挥。经此一战，作为伟大的军事家，孙武从此闻名遐迩。其战略战术思想，"兵者诡道""上兵伐谋""胜兵先胜""避实击虚""兵闻拙速""以迂为直""因敌制胜""致人而不致于人""示形动敌""造势任势"等，均在此战中得到淋漓尽致的发挥和运用，显示了孙武重谋略、重虚实、重人为的鲜明的作战指导风格。有关史书称，此战是东周时期第一大战争。而孙武的军事思想也在此战中得到检验而大放异彩。

5. 归隐修书

柏举之战，以少胜多，亲自参与指挥的孙武自此名震诸国。那么柏举之战后孙武的人生经历了怎样的跌宕？他的人生结局如何？司马迁又是如何评价孙武的？我们继续往下看。

柏举之战后，孙武继续辅佐阖闾的事业。公元前 496 年，越王允常去世，新即位的勾践年纪轻轻，没经验没阅历，加之国内还未完全稳定，吴王阖闾觉得有机可乘，要攻打越国。此时吴楚交战不久，元气尚未恢复，军事准备不足。但阖闾被胜利冲昏了头脑，不仅不听孙武和伍子胥的规劝，还撇开他们，匆忙出兵越国，结果大败，阖闾也因伤重而丧命。阖闾死后，太子夫差继承王位。孙武和伍子胥一起整军备战，在公元前494年终于击败越国，随后又战胜齐国。公元前482年诸侯在黄池会盟，吴国取代晋国成为新霸主，孙武显赫的名声随之达到极点。

孙武的出身、修书及其建功立业，充满着传奇色彩，同样他的消失与离世也带有传奇色彩，甚至有些许神秘。关于他的结局有几种说法，一种说法是被吴王夫差以莫须有的罪名赐死，另一种则是隐居。"隐居说"认为，吴军攻入楚国郢都后，孙武目睹了吴王贪婪成性、骄横狂妄的丑恶举止，伍子胥掘坟鞭尸、扭曲了人性的复仇行径，士兵们烧杀抢掠、任性妄为的疯狂行为。这与孙武一贯主张的慎战思想背道而驰。孙武出山为吴国效力，是为了实现自己的理想和抱负，但为了实现这个理想却如此血腥，让这么多人死去。随着战争的推进，孙武越来越想不明白：作战的目的，是为了求胜，并非杀人啊？理想的丰满与现实的残酷之间巨大的落差，让孙武大为震动，自此开始陷入失意与沉痛。

左为越王勾践剑，右为吴王夫差矛

在勾践剑的近剑格处，有两行鸟篆铭文：越王鸠浅，自作用剑。经考证，"鸠浅"是勾践的通假字，从而确定了剑主人是越王勾践。吴王夫差矛与勾践剑一样，同样出土于湖北荆州。两位"死对头"的兵器，出土地仅仅相距 2.5 千米，不能不说是一种巧合。

后来在实践中，孙武虽然帮助吴国建立了霸业，但夫差日渐骄横，不听忠言、信谗言，重用奸相伯嚭，逼死忠臣伍子胥。伍子胥的惨死，让孙武彻底认清了古代中国一个不断重复上演的事实——"飞鸟尽，良弓藏；狡兔死，走狗烹。"再加上夫差大兴土木，沉迷酒色，被卧薪尝胆的越王勾践派来的美女西施和郑旦蒙蔽了双眼，吴国国力日衰，民不聊生，怨声载道。这一切让孙武极度失望。面对危机四伏、濒临倾覆的吴国，孙武清楚地知道自己想辅佐吴王统一南北的大志已无法实现。为免遭杀身之祸，他寒心而退，离开吴国，悄然北归，隐姓埋名，继续修订和完善他的兵书去了。孙武再一次远离了浮躁、喧嚣与血腥。此后，历史卷宗之中就再也没有了有关孙武的记载。

从公元前 512 年任将军到公元前 482 年黄池会盟，孙武在吴国有着 30 年的戎马生涯。他与伍子胥合力辅佐吴王，吴国得以五战入郢、西破强楚、决战艾陵、北威齐晋、南服越人、显名诸侯，国力达到了鼎盛之势，霸业遂成。可见，孙武不仅是杰出的军事理论家，而且是富有组织才能的军事活动家。对此，司马迁在《史记·孙子吴起列传》中评价道：

"西破强楚，入郢，北威齐、晋，显名诸侯，孙子与有力焉。"
他又在《史记·伍子胥列传》中指出："当是时，吴以伍子
胥、孙武之谋，西破强楚，北威齐、晋，南服越人。"可见，
对于孙武为吴国霸业所做的突出贡献，司马迁是给予了充分
的肯定的。

不过，孙武之所以被后人称道，享誉中外，最根本的原
因并不在于他指挥的具体战役，而在于他为后世奉献了一部具
有长远历史价值和重要现实意义的兵学圣典——《孙子兵法》。
该书虽然只有短短六千字，但却包含了丰富而具有前瞻性的军
事思想，闪耀着超越时空的智慧光芒，这使他成为中国，乃至
世界军事史上伟大的军事家。

二 《孙子兵法》其书及其流传

　　《孙子兵法》是中国古代军事思想史上，也是世界军事思想史上，现存最古老、最重要的兵学著作。《孙子兵法》的诞生，及其架构体例的成形，既是中国传统兵学思想发展的逻辑结果，也是彼时中国社会思潮激荡碰撞、社会结构剧烈变动的必然要求。

1. 兵学溯源

　　作为现存最古老、最有价值的兵学著作，《孙子兵法》是我国先秦兵学思想自身发展嬗变的自然结果，是对春秋晚期以前兵学思想理论的继承与扬弃。

　　在人类社会早期，氏族成员之间为了争夺有限资源和生存空间，不时爆发以血亲复仇为主要特征的武力冲突，严格来讲，这还不是现代意义上的战争。而后，随着氏族制度的衰落，私有财产和阶级现象的产生，部落或部落联盟之间的以掠夺为目的的原始战争开始出现，流血冲突加剧，财富和权力迅速集中到少数人手中。从武力冲突到原始战争，兵器随之改进，防御设施逐渐增多，筑城技术亦有提高，战争已经出现，中国兵学开始萌芽。

到了夏、商、西周时期，国君逐渐集军、政、教、族权于一身，成为"国之大事，在祀与戎"的主宰者。其中夏商时期，战争成为国家的重要职能，青铜器被用于铸造兵器，战斗力获得较大提升，中国兵学雏形初具。西周时期，礼乐制度盛行，投射到军事领域就是，战争处处呈现礼乐文明色彩，形成了一整套指导和约束具体军事行动的"军礼"，其基本精神是：在战争目的上强调征讨"不义"，即只有犯了"凭弱犯寡""放弑其君"等九种严重罪过时，才可以兴师征讨；谋划军事行动不得乘人之危，即"不加丧，不因凶"；战场交锋主张"成列而鼓""不相诈""不重伤，不禽二毛""不杀黄口"；达成目的后主张"服而舍人"，即诸侯一旦臣服，便当偃兵息武，给敌方以继续生存的机会。由此可见，"以礼为固，以仁为胜"的

（清）佚名绘《雍正帝祭先农坛图》（上卷）

此卷描绘清雍正皇帝祭祀农神活动的场景。该图共有上、下两卷，上卷现存于北京故宫博物院，而下卷在法国巴黎吉美博物馆。

兵学思想逐步成形，中国兵学体系初步成熟。

春秋时期中国兵学思想走向繁荣。彼时思想开始勃兴，社会剧烈变动，政治经济迎来大变革，争霸战争愈演愈烈。在这一背景下，中国兵学得到前所未有的发展，主要表现为战争的规模、样式、程度、次数等变得更加复杂而激烈，战争结局对社会、经济、政治等各方面的影响越来越广泛而深厚，旧有的道德观念遭到怀疑和否定。由此带动了战争观念的重大变革，即由崇尚"军礼"转变为提倡诡诈权变，尚诈、逐利成为兵学思想发展的基本方向。具体而言，就是"军礼"极力倡导的"鸣鼓而战"的堂堂之阵战法被否定，"兵以诈立，以利动，以分合为变"被确立为基本的作战指导原则。

对此，东汉班固明确指出："自春秋至于战国，出奇设伏，变诈之兵并作。"

这一时期战争观念的变革，体现在军事理论建树方面，就是涌现了一批杰出的军事理论家，如司马穰苴、伍子胥、孙子、范蠡等，以及产生了如《孙子兵法》这样杰出伟大的军事理论著作。顺应时代发展的潮流，深刻洞悉战争发展新动向，精准把握战争发展之规律，《孙子兵法》的横空出世，在中国兵学发展史上树立起了第一座不朽的丰碑。从这个意义上讲，《孙子兵法》的诞生乃是战争自身发展的逻辑归宿。

当然，《孙子兵法》之成书，也是对其前代兵学思想，尤其是《司马法》军事思想继承与超越的结果。《司马法》高举道义旗帜，以"仁"为本，班固称："以师克乱而济百姓，动之以仁义，行之以礼让，《司马法》是其遗事也。"而《孙子兵法》把"道"列于"五事"之首，把"仁"列为优秀将帅必备的五德之一，称"道者，令民与上同意也，故可以与之死，可以与之生，而不畏危""将者，智、信、仁、勇、严也"。对比可见，《孙子兵法》对《司马法》有明显的继承关系。

此外，根据黄朴民先生的研究，孙子在撰著《孙子兵法》过程中，曾大量袭用转引"古代王者司马兵法"的文字语言和内容。他把这种引用划分为四大类：一是注明出处；二是以"法曰""用兵之法"的方式征引；三是不注明出处的原文照录；四是大意概括式的征引。

当然，毫无疑义，孙子也吸取了司马穰苴、伍子胥、范蠡等一代兵学家的思想。至于《孙子兵法》对其前代兵学思想的超越，或者叫扬弃，前文已有述及，后文也有详论，此处不宜赘述。

2. 成书契机

《孙子兵法》又名《孙武兵法》《孙武兵书》《孙子兵书》《吴孙子兵法》，成书于春秋末期，在孙子晋见吴王阖闾时十三

篇已经基本成形，他随后又根据自己在吴国的战争经验，不断
加以充实完善。

《孙子兵法》是对上古以来，特别是春秋时期频繁、激烈、
多样的战争经验的总结和升华，是对先秦以来我国已有的兵学
理论成果的继承和发展，是春秋时期先进的社会思想交融的产
物，是尚武崇智的齐文化孕育的奇葩，同时也是孙子个人天才
和勤奋的结晶。关于军事理论的产生，毛泽东曾经说过一句很
精辟的话：一切带原则性的军事规律，或军事理论，都是前人
或今人做的关于过去战争经验的总结。《孙子兵法》当然也不
例外。

春秋末期，五侯争霸、诸侯兼并、战乱频仍，整个社会礼
崩乐坏、杀伐不断，处于"百川沸腾，山冢崒崩，高岸为谷，
深谷为陵"的动荡剧变状态，这为孙子撰写《孙子兵法》提
供了丰厚的现实土壤。这个时代，社会剧烈变动，思想百家争
鸣，英雄伟人辈出。就是这个时代，既产生了享誉世界的思想
家、教育家孔子及不朽著作《论语》，也培育了像孙子这样为
世界军事界所推崇的军事家及其传世之作《孙子兵法》。

3. 逻辑体系

《孙子兵法》篇幅短小，但内容博大精深，内涵丰富广泛，思想深邃高远，语言字字珠玑，行文简约抽象，讲军事、战争之理，涉及政治、经济、外交、哲学等方面，微言大义，历久弥新，虽横跨 2 500 余年，但所述之"道""理""术"仍为当今世人学习、研究、赞叹与尊奉。

根据 1972 年山东省临沂市银雀山汉墓出土的《孙子兵法》竹简，该兵书共 13 篇，6 000 字左右，包括始计、作战、谋攻、军形、兵势、虚实、军争、九变、行军、地形、九地、火攻、用间。为了帮助大家记忆，我这里编了三句记忆口诀：始作谋形势，虚实争变军，地九火攻间。第一句"始作谋形势"囊括了前五篇篇名，一字一篇；第二句"虚实争变军"把中间四篇篇名收入其中，除"虚实"外，其余三字各代表一篇；第三句"地九火攻间"把后四篇篇名点缀其间，除"火攻"外，其余三字也各代表一篇。最后一句"地九火攻间"可以用谐音"地久火宫殿"帮助记忆，凡到过长沙或在长沙生活的朋友大抵都知道，长沙有一

银雀山汉墓竹简《孙子兵法》

放大图中文字从右读起，依次是：外臣不敢对，盖（阖）庐曰："不谷未闻道也，不敢趣之利与。"

个年代久远，且颇有文化底蕴的名吃店——火宫殿。

《孙子兵法》不仅内容博大精深、思想深邃高远，而且逻辑缜密严谨。兵法十三篇，从战略运筹、作战指挥到战场机变、军事地理，再到特殊战法，从宏观到微观，从战略到战术，步步承接，层层推进，结构清晰，体系完整。正如中国人民大学黄朴民教授所说，《孙子兵法》每篇环环相扣，构成一个严密的逻辑体系：第一篇《始计篇》，打战之前要算计，算计好后是准备作战，所以《作战篇》放第二篇，准备充分后，就要谋攻，所以从第三至第八篇，都是讲一些具体的作战要领。从第九至第十二篇，又是讲地形、行军、火攻等具体的战术问题了，一步一步细化。最后一篇是用间，要了解掌握情报，知彼知己，这就又回到了《始计篇》的算计来了。

如果将《孙子兵法》十三篇比喻为一条龙的话，《始计篇》即是"龙之首"。这不仅仅因为它是首篇，更因为它开门见山就亮明了作者对战争的基本态度，提出了统领全书的重要理论，是全书的总纲。与其他诸篇相比，《作战篇》犹如"龙之颈"，起着承前启后和过渡转换的作用。这里的"作战"即进行战前准备，而非通常意义上的战场交锋。因此它作为第二篇紧随《始计篇》之后，意味着关于军事行动的大政方针确定后，即着手开始战争准备。第三篇《谋攻篇》，"谋攻"，即以谋略胜敌，是全书的核心，犹如"龙之心脏"。接下来从第四篇《军形篇》、第五篇《兵势篇》、第六篇《虚实篇》到第七篇《军争篇》，分别论述了"形"的集聚、"势"的运用、虚实原则和军争思想，构成了"龙之胸腹躯干"。随后《九变篇》《行军篇》《地形篇》《九地篇》等四篇，强调要根据战场地形、所处境遇、将士心理等情况变化，机智应变，灵活"处军""相敌"，它们共同构成了"龙之四肢"。第十二篇《火攻篇》，"火攻"即以火攻敌，属特殊战法，当为"龙之珠"。最后一篇《用间篇》，"用间"即使用间谍，呼应《始计篇》，起着首尾呼应、完成全书、升华主题的作用，仿佛"龙之尾"。日本学者吉田松阴曾这样论述：孙子开卷言计，终篇言间，非间何以为计，非计何以为间，间计二事，可以终始十三篇矣。

通读兵法十三篇，语言精当、结构缜密，不能增减一字，不可颠倒一篇。全文以主德始，以妙算终，次序井然、浑然一体。对此北洋时期著名军事理论家蒋百里先生论道："《计篇第一》总论军政平时当循正道，临阵当用诡道，而以妙算为主，实

火攻第十二　此言用火攻敵之政

孫子曰凡火攻有五一曰火人二曰火積三曰

火輜四曰火庫五曰火隊行火必有因烟火必

素具發火有時起火有日時者天之燥也日者

月在箕壁翼軫也凡此四宿者風起之日也凡

火攻必因五火之變而應之火發於內則早應

之於外火發而其兵靜者待而勿攻極其火力

可從而攻之不可從則止火可發於外無待於

是謂巧能成事是故政舉之日夷關折符無通

其使屬於廊廟之上以誅其事敵人開闔必承

入之先其所愛微與之期踐墨隨敵以決戰事

是故始如處女敵人開戶後如脫兔敵不及拒

上篇言地之形此篇言戶地之勢勢有九先衆其目

于前復釋其義著其法于後

（明）闵声、闵映张辑《兵垣四编》书影

《兵垣四编》是一套兵家类丛书，内含《黄帝阴符经》《黄石公素书》《孙子十三篇》《吴子六篇》。每篇有解题和行间夹注，眉端有批、解，篇后有评述。此为明朝天启元年（1621）吴兴闵氏刊朱墨套印本。

军政与主德之关系也；第二篇至第六篇，论百世不易之战略也；第七篇至第十三篇，论万变不穷之战术也……《军争第七》者，妙算已定、财政已足、外交已穷、内政已饬、奇正变术已熟、虚实之情已审，即当授为将者以方略，而战斗开始矣……《用间第十三》者，以间为诡道之极则，而妙算之能事尽矣，非有道之主则不能间，而反为敌所间，可见用间为妙算之作用也。准此以读十三篇，若网在纲，有条不紊，不能增损一字，不能颠倒一篇矣。"（《孙子浅说》）可见，兵法写得很奇妙，评论做得也精妙。

4. 版本传承

《孙子兵法》自成书以来两千多年不间断地流传，以及历代人们对它的诠释、运用和发挥，使其版本繁多。大致而言，《孙子兵法》流传于世的版本主要分为两类：一类是地下出土文献，一类是传世文献。

地下出土文献目前所见有两种：一是汉简本《孙子兵法》，二是晋写本《孙子兵法》。以后随着考古发掘的深入，也许还会

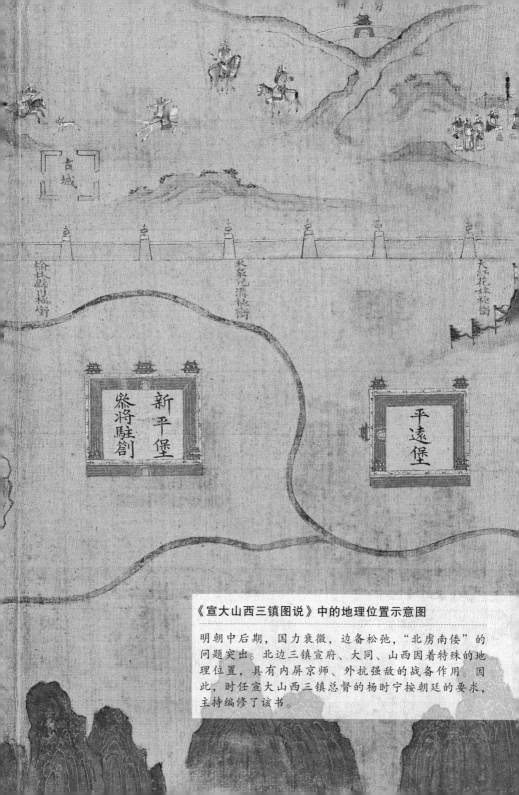

古城

榆林縣貝柵街

求取兒潘秋街

大海托林棟街

新平堡 叅將駐劄

平遠堡

《宣大山西三镇图说》中的地理位置示意图

明朝中后期，国力衰微，边备松弛，"北虏南倭"的问题突出。北边三镇宣府、大同、山西因着特殊的地理位置，具有内屏京师、外抗强敌的战备作用。因此，时任宣大山西三镇总督的杨时宁按朝廷的要求，主持编修了该书。

有新的出土文献面世。

汉简本《孙子兵法》，就是 1972 年山东临沂银雀山一号汉墓中出土的《孙子兵法》，这是迄今所见最早的《孙子兵法》古本。其中有一块木牍集中记录诸篇篇题，各篇正文和部分篇题抄写在竹简上，文中没有后人的注解，这个本子通常被称为竹简本或汉简本、简本。据墓葬年代推测，汉简本《孙子兵法》写成年代应在西汉早期，上距战国不远，故其一般被认为是最接近《孙子兵法》原貌的一个本子。但是，这个本子残简、佚简过多，所存文字仅二千四百余字（见文物出版社《孙子兵法》，1976 年），仅为传世本《孙子兵法》的三分之一强。

晋写本《孙子兵法》，是 20 世纪初敦煌藏经洞流散出的《孙子兵法》残本，被日本大谷光瑞收藏。1918 年，罗振玉将其收入《汉晋书影》，题作《孙子注残纸》。这个残本的内容抄写于纸上，仅剩两个半页，书内有后人的注解，但不知何人所注。罗振玉考订这个本子为晋人所写，故一般称之为敦煌晋写本。

除以上两个版本属于近现代地下出土文献外，其他《孙子兵法》古本都属于传世文献。曹操的《孙子略解》（《新唐书》中更名为《魏武帝注孙子》），被认为是《孙子兵法》最早的

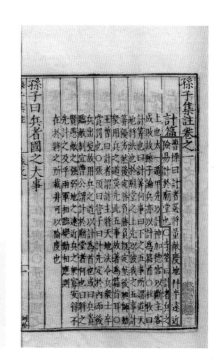

《孙子集注》书影

《孙子集注》是《孙子兵法》的重要传本之一。此为明嘉靖三十四年（1555）锡山谈恺刊本，藏于美国国会图书馆。

注释本。在此之后，对《孙子兵法》一书的注释颇多，形成了许多不同的版本。由于现今所见的《孙子兵法》传世古本，多是在雕版印刷技术成熟的背景下刊行的，刊刻年代都不早于宋代，相对于后面的元、明、清，宋代距战国时期最近，所以宋本《孙子兵法》更接近兵书的原貌，而且宋代以后各朝刊刻的《孙子兵法》也都可以溯源到宋本。

《孙子兵法》传世文献主要分为两大系统，即《武经七书》系统和"十一家注"系统。《武经七书》是元丰三年（1080），宋神宗命人校订《孙子兵法》《吴子兵法》《六韬》《司马法》《黄石公三略》《尉缭子》《唐太宗李卫公问对》七部兵书组成，其中

孙星衍像

字渊如，号伯渊，别署芳
茂山人、微隐。清代著名
藏书家、目录学家、书法
家、经学家。

《孙子兵法》只采用了曹操的注解。

"十一家注"系统保留了大量重要的古代注释，汇集了历史上有影响的十一家注解内容，分别是东汉曹操，南朝梁孟氏，唐代李筌、杜佑、杜牧、陈皞、贾林，宋代梅尧臣、王皙、何延锡、张预等人的注释。十一家之中，杜佑作《通典》而引《孙子兵法》的内容并加以训释，故历来有学者认为杜氏所作不是注解，把他剔除后就成为"十家"。这些注释通训定声、引经据史、辞章博赡、灿然杂陈，有精于义理者，有精于训诂者，有精于考据者，内容丰富而详尽。

《孙子十家会注》（后改名为《孙子十家注》）为宋人吉天保所辑，经清人孙星衍校定，最终取代《武经七书》成为《孙子兵法》的主要版本系统。1961 年，中华书局依据上海图书馆馆藏宋本，影印了《十一家注孙子》，并总结吸收了孙校的成果，成为当前最重要的《孙子兵法》通行读本。20 世纪 90 年代末，杨丙安又在上述两书的基础上作了《十一家注孙子校理》，可以说是当前最为完善的《孙子兵法》校本。

战争审思

　　作为一部兵书,《孙子兵法》首先需要解决的一个问题,就是阐明著作者对战争的基本态度和看法。何为战争?战争的本质是什么?孙子没有对战争下一个明确的定义,但《孙子兵法》字里行间阐明了以全胜为目标,慎战、重战、备战和善战的战争观念,反映了孙子对于战争的基本态度:既不否定战争,力挺正义战争,又反对穷兵黩武,反对把战争看作包医百病的良方,而当战争不可避免的时候,又主张先计而后战,强调经过精心计算、比较双方优劣后再决定要不要发起战争。

1. 慎战:非危不战

　　战争是残酷和血腥的,是"流血的政治",它对人类造成的伤害可谓触目惊心。纵观社会发展的历史进程，我们人类可以说是在血水与泪水中泡大的，是从战争中百劫重生、一路蹒跚走过来的。有专家作过统计：因为人类的贪婪和野心，5 000 年斗转星移中，人类经历的有记载的战争就有 1.4 万多起，累计的和平岁月不足 300 年。战争造成了 36.4 亿人丧生，造成的经济损失折合黄金，可以铺成一条宽 75 千米、厚 10 米且环绕地球一周的黄金带。现代高科技战争给社会造成的破坏更是不忍直视。但难能可贵的是，2 500 年前身处冷兵器时代的孙子似乎洞穿了战争的本质和残酷，旗帜鲜明地提出了"慎战"，乃至"不战"的主张，构成了《孙子兵法》战争观最核心的内容。

如前文所述，孙子认识到，战争是关系国家存亡、百姓生死的大事，"非利不动，非得不用，非危不战"（《火攻篇》）。他尤其强调，国君将帅对待战争务必时时警醒，慎之又慎，切不可因"怒"、因"愠"等情绪化因素而轻启战端、草率出兵。他在《九变篇》把"忿速"列为将帅必须克服的五种致命性格缺陷之一，他说，将有"五危"："必死，可杀也；必生，可虏也；忿速，可侮也；廉洁，可辱也；爱民，可烦也。""凡此五者，将之过也，用兵之灾也。覆军杀将，必以五危，不可不察也。"其中第三条"忿速，可侮也"，就是说，性格急躁易怒，心胸褊狭，一触即发，就可能受敌凌辱而妄动。因此，将帅指挥作战必须时刻保持清醒的头脑，做到"静以幽，正以治"，要有"泰山崩于前而色不变，麋鹿兴于左而目不瞬"的沉着与淡定，千万不可感情用事、鲁莽行事。

孙子穷极半生，研习兵法，所愿乃是天下太平无事，黎民百姓得享安康。这一闪耀着人道主义光辉的思想，体现在《孙子兵法》中，就是倡导和平、力避战争。为此，他把"谋攻"作为挫败敌人、实现自身战略目标的上上策，把"伐交"作为第二选择。所以，当孙子对夫差极度失望、设计决意离开吴国时，他仍不忘谆谆告诫夫差：兵道战伐，必以仁义之名、安国之任、利民之心而为之，不得违天道正义。显然，与以《商君书》为代表的法家的"主战"理论、嗜战立场相比，孙子的慎战思想更符合道义，具有更大的合理性，也比《司马法》所主张的"以战止战"思想更加深刻。

自古知兵非好战。战争固然是社会进步、文明嬗递过程中的一个不可避免的阶梯，但是它对物质、文化的破坏损毁，对鲜活生命的无情吞噬，对国家财政经济的巨大损耗等种种后果也同样显而易见。所以，历史上真正伟大的军事家，出于对人类命运的终极关怀，出于对生命的尊重，都会致力在确保战略目标实现的前提下，寻找最大限度减少战争伤亡和损失的路径，孙子就是这方面最杰出的代表。

2. 备战：先胜而后求战

孙子主张"慎战"，并不是出于懦弱胆怯。相反，他不害怕战争，也不像某些天真善良的人士那样一味主张偃武修文。作为清醒的现实主义者，他深知战争不可避免，深知战争对于社会经济、国家前途影响巨大。因此，他高度重视战争，强调有备无患，常备不懈，把准备战争提到一个极其重要的位置。他认为只有加强战备，增强军事实力，辅之以政治、经济、外交等手段，对敌国形成强大的威慑，使其不敢轻举妄动，不得不降，才能真正实现"屈人之兵而非战也，拔人之城而非攻也，毁人之国而非久也，必以全争于天下"（《谋攻篇》）的理想境界。

兵马未动，粮草先行。对于战前准备的重要性，孙子有着深刻的认识，他在《九变篇》明确提出了"备战"思想。他说："用兵之法，无恃其不来，恃吾有以待也；无恃其不攻，恃吾有所不可攻也。"意思是说，用兵打仗的法则是，不要寄希望于敌人不打我，而要依靠自己做好充足的准备；不要寄希望于敌人不来进攻，而要依靠自己具备强大实力，使敌人不敢贸然发起进攻。战争的立足点要放在事先做好充分准备，严阵以待，使敌人不敢轻易向我发动进攻上。

"先胜而后求战"，是孙子备战思想的精华。孙子在《军形篇》指出："昔之善战者，先为不可胜，以待敌之可胜。"善于用兵的人，总是先谋求自己不可被战胜，即所谓"立于不败之地"，再寻找捕捉战胜敌人的时机。他进一步指出："不可胜在己，可胜在敌。"意在强调，创造不被敌人战胜的条件，关键在于自己主观的努力，而敌方能否被战胜，则取决于敌方的失误。由此孙子提出了"胜兵先胜而后求战"的思想："善战者，立于不败之地，而不失敌之败也。是故胜兵先胜而后求战，败兵先战而后求胜。"（《军形篇》）能取胜的军队，总是先创造取胜的条件，然后才同敌人决战；失败的军队总是轻易开战，然后企求侥幸取胜。可见，与众多兵家一样，孙子在战争实践中已经深刻认识到了战争准备是争取战争主动权和取得胜利的可靠保证。

备豫不虞，为国常道。孙子有备无患的备战思想揭示了国防和军队建设的一般规律，对国防现代化和新时代加快把人民军队建成世界一流军队有着深刻的启迪意义。"备者，国之重也。"（《墨子·七患》）历史上，总有少数战争狂人，出于满足称霸等私欲，乞灵于战争，穷兵黩武，将战争强加在人们的头上。乞求这些人发慈悲而偃旗息鼓是幼稚且不现实的。正确的对策是，既反对战争，又不惧怕战争，以战止战，争取和平。为此需要做到"有以待""有所不可攻"，这就要求执政者必须修明政治、动员民众、发展经济、强大国防。这是确保国家安全的基本条件，也是《孙子兵法》有备无患思想应有的逻辑意义。

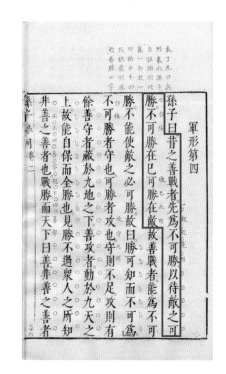

（明）闵于忱辑《孙子参同》书影

能战方能止战，备好战才不挨打。历史启示我们，只要战争这种怪物阴魂不散，就一刻不能忘记备战。作为以护佑和平为天职的中国军人，面对霸权主义的寻衅滋事，我们既不做拘泥古法的宋襄公，也不当用财帛赎买和平的宋朝皇帝。我们珍视和平，但不乞求和平；我们反对战争，但不惧怕战争。敢战才能言和，言和更需备战。中国奉行积极防御性的国防政策，其立足点，是有效遏制和防止战争，同时也是时刻准备应对战争和打赢战争。以敢战、能战来达到"不战而屈人之兵"，以敢于"亮剑"而全力争取战争胜利，这是《孙子兵法》军事思想的精髓，也是当代中国军人的军魂。

3. 善战：择人而任势

善战思想是《孙子兵法》战争观的又一重要内容。所谓"善战"，就是以最佳的方法夺取战争的最大胜利。对"善战"的理解关键在于一个"善"字。"善"作形容词用，有完美、高明的意思，是人们追求的一种境界；作动词用，有擅长、善于的意思，是相较于他人的一种优势。《孙子兵法》中出现

"善"字达33次之多，遍布13篇，上述两层含义均包括在内。用兵求"善"，构成了《孙子兵法》独树一帜的善战思想。

从完美、高明这个层面来看，孙子追求"善之善者也"。就战争结果而言，孙子认为："百战百胜，非善之善者也；不战而屈人之兵，善之善者也。"（《谋攻篇》）就是说，在孙子眼里，百战百胜，不算是高明之中最高明的；不经交战而使敌人屈服，才是高明中的最高明，才是最完美的战争结果。

就优秀将领而言，孙子认为："见胜不过众人之所知，非善之善者也；战胜而天下曰善，非善之善者也。"（《军形篇》）这句话是说那些能预见胜利但没有超过大家的见识的人，不能算是会打仗的人；那些打了胜仗而天下人称赞的将军，也算不得最好的将军。这就跟"举秋毫不为多力，见日月不为明目，闻雷霆不为聪耳"（《军形篇》）是同一个道理。举得起秋毫之重物品的人怎么能算力大呢？看得见日月之光的人怎么能算目明呢？听得到惊雷之声的人怎么能算耳聪呢？这实在是凡人之举，没有什么了不起。

从擅长、善于这个层面来看，孙子强调的是高明将领的能征善战，通常用"善战者"或"善用兵者"来标示。

他在《军形篇》中说："昔之善战者，先为不可胜，以待敌之可胜。"过去擅长指挥作战的人，总是首先创造自己不可战胜的条件，然后等待可以战胜敌人的机会。又说："善战者，立于不败之地，而不失敌之败也。""善用兵者，修道而保法，故能为胜败之政。"意思是，善于用兵打仗的人，不仅让自己处于不败之地，而且还要想方设法找到任何可能导致敌人失败的机会；只有能够修明政治，遵循制胜的规律，才能成为胜败的主宰者。

《兵势篇》说："善战者，求之于势，不责于人，故能择人而任势。"意思是，善于指挥作战的将领追求的是如何形成有利的作战态势，而不是去苛求士兵。行军打仗不是靠人，而是靠营造有利的作战态势。这种有利的作战态势，"如转圆石于千仞之山"，就像是从八千尺高的山上转动滚落圆石一样势不可当，是"善战人之势"。因此，《虚实篇》"善战者，致人而不致于人"强调，善于指挥打仗的人一定是想方设法掌握战争的主动权，这是取得战争胜利的一个重要条件。孙子在《军形篇》《兵势篇》《虚实篇》中关于善战思想的精妙论述，既包括对战略全局的谋划和指导，也包括具体的作战指挥。

为此，孙子提出了一系列"善战"的战略战术，如以"道"制胜、以"全"争胜、以"智"取胜，兵以诈立、奇正相生、避实击虚，因敌用兵、因利制权、先胜后战，知彼知己、知天知地、知人善任，等等。

"善战"思想在整部《孙子兵法》中占有主导地位。孙子的"善战"思想，既包括研究和指导战争全局的规律，也包括研究和指导各种作战行动的规律，以求"知"为起点，通过求"先"与求"全"的手段，最后达到求"善"的最高军事理想境界。通俗地讲，孙子的善战思想，就是既要战争结果完美，又要战争过程好看，仗打得顺畅、痛快。

4. 全胜：不战而屈人之兵

孙子清醒意识到战争的残酷性，深刻懂得动用暴力手段不是解决国家冲突的最好途径。为此，在《谋攻篇》开篇即从效益的角度提出了"不战而屈人之兵"的"全胜"思想："凡用兵之法，全国为上，破国次之；全军为上，破军次之；全旅为上，破旅次之；全卒为上，破卒次之；全伍为上，破伍次之。是故百战百胜，非善之善者也；不战而屈人之兵，善之善者也。"这里的军、旅、卒、伍皆为古代军队编制单位。这段话的意思是，大凡用兵的原则是：迫使敌人完整地降服是上策，起兵用武力击破敌国就次一等了；使敌人全军、全旅、全卒、全伍完整地降服是上策，用武力击败敌军就次一等了。所以，百战百胜，破军杀将，必多死伤，算不上是最高明的；不通过交战就降服全体敌人，即以计谋战胜敌人，这才是最高明的。这就明确阐述了《孙子兵法》的"全胜"思想。

《孙子兵法》的"全胜"思想，从理想到实际包含两个主要层次：一是理想层面，追求"不战而屈人之兵"的理想境界；二是实际层面，在不得已而用兵作战的情况下，尽可能减少损失，实现破中之"全"。对于像姜子牙、司马穰苴、孙子这样的高明统帅而言，军事的最高境界就是避免战争，但是，一旦被迫选择了战争，就必须胜利。

就第一层面而言，孙子认为，"百战百胜"并非用兵的最佳选择，"非善之善者也"。高明的战争指挥者应该努力做到

"不战而屈人之兵"，即以强大的军事实力为后盾，通过高明的谋略指导和外交手段，摧毁敌人的抵抗意志，不经过交战就使敌人完全屈服。所谓"化干戈为玉帛"，"战胜于朝廷"是也。这是孙子孜孜以求的军事艺术的最上乘境界，也是《孙子兵法》立足于战争，又超越于战争的魅力之所在。如先秦时期墨子救宋不以兵革、烛之武夜见秦穆公说退秦师，韩信遣使奉书平定燕地等，就是这一思想的完美实践。然而这种情况比较不多见。所以就有了孙子"全胜"思想的第二层次。

第二层面，是立足实际，在战争不可避免的情况下运用正确的军事战略，尽可能以最小的代价赢得最大的胜利，实现"以破求全"。如果说，实现高层次"全胜"的主要方法是"伐谋"和"伐交"，那么实现第二层次的主要手段则是"伐兵"，在不得已的情况下不排斥"攻城"。当然，"伐兵""攻城"，并不是蛮干、死打硬拼，而是建立在"权变"、奇谋妙计的基础上。

《孙子兵法》的"全胜"思想，关键在一个"全"字。全国、全军、全旅、全卒、全伍、全胜、全利、以全争于天下，《孙子兵法》一共出现"全"字近十次。研究中国儒家的人认为，孔子创立的儒家思想核心可以用一个字来概括，那就是"仁"！研究中国道家的人认为，老子创立的道家思想核心也可以用一个字来概括，那就是"道"！而研究中国兵学的人认为，《孙子兵法》的核心思想也是一个字，那就是"全"！

全，就是全部、全体、完全，表现在战争领域，就是指一次作战行动总体，如战争的总体、战役的总体、战斗的总体等；表现在作战目标上，就是"全利"，以尽量短的时间和尽量小的消耗，求得最大的战略效果，套用经济学中效益最大化原则来审视，就是以最小的投入获取最大的效益；表现在作战手段上，就是以"全"争胜，以"全"争于天下。

那么，如何实现"全胜"呢？孙子给我们提出了两个建议。

一是"谋攻"，就是以智慧谋略求全胜，胜敌于无形。孙子把"谋攻"作为克敌制胜的"上上策"，他说："上兵伐谋，其次伐交，其次伐兵，其下攻城。"

二是自保求全胜，就是先要保住自己，然后再去求全胜。孙子在《军形篇》指出："善守者藏于九地之下，善攻者动于九天之上，故能自保而全胜也。"善于防守的部队，隐藏自己的兵力如同藏在深不可测的地下；善于进攻的部队，调动自己的兵力就像从天而降，令对手猝不及防。这样，才能保全自己而获得全胜。在这里孙子提出了自保全胜的战术。对此毛泽东在《论持久战》中写道："保存自己消灭敌人这个战争的目的，就是战争的本质，就是一切战争行动的根据……射击原则的'荫蔽身体，发扬火力'是什么意思呢？前者为了保存自己，后者为了消灭敌人。"这段话应该说是对孙子自保而全胜战术的最好诠释。

由以上解析可知，《孙子兵法》的"全胜"，不是指完全杀死敌人或彻底攻占城池这样一种具体结果，而是指一个谋取占上风或优势的过程，是一种着眼长久的、彻底的胜利。所以在战略手段的选择上，孙子强调"服"而非"制"，突出"德"和"智"，主张"不争""不武"，从而在运用力量达成战略目的方面，表现出与西方战略截然不同的风格。

《孙子兵法》"不战而屈人之兵"的全胜思想是对野蛮战争观的反叛和颠覆，被中外有识之士誉为"至精至微，聪明睿智，神武不杀"的最高军事准则，被赞颂为高于军事战略的完美战略。

微言大义

　　《孙子兵法》篇幅短小，语言简洁，但辞约义丰，微言大义，诸如"五事七计""兵者诡道""令文齐武""为将五德""致人而不致于人"等简约语言背后，都蕴含着丰富的思想内容和启人心智的方法论。

1. 筹划：五事七计

　　"五事七计"是孙子提出的战前筹划定计的方式方法，是《孙子兵法》庙算思想的主要内容。

　　孙子在兵法第一篇《始计篇》给"善战者"提了一个如何谋划战争全局的理论，即庙算思想。他首先阐述了战前庙算的重要性："夫未战而庙算胜者，得算多也；未战而庙算不胜者，得算少也。多算胜，少算不胜，而况于无算乎！吾以此观之，胜负见矣。"也就是说：开战之前，庙算能够胜过敌人的，是因为计算周密，取胜的条件充分，优于敌人；开战之前，庙算不能胜过敌人的，是因为计算不周，取胜的条件不够，少于敌人。计算周密，取得胜利的条件多，就可能胜敌；计算不周，取得胜利的条件少，就不能胜敌；更何况根本不计算，未曾具备任何取胜条件呢！我们从这些方面来考察，谁胜谁负立马就可看出来。在孙子看来，战争的胜负通过庙算是可以预知的。

那么，什么是庙算呢？

庙，即祖庙、庙堂或宗庙，是古代君主祭祀先人和与朝臣商议国事的场所，所以非常神圣；算，即计算、筹划、决策。庙算，就是庙堂决策或庙堂定计，也就是战前，君臣在庙堂上的战事预测和战略筹划，类似于今天的高层战略决策会议，也就是《孙子兵法》第一篇篇名中的"计"。对于"计"，曹操是这样注解的："计者，选将、量敌、度地、料卒、远近、险易，计于庙堂也。"（《十一家注孙子校理》）可见，"庙算"与"计"实际是同一个意思。

庙算是中国兵学理论史上最重要的战略学概念，将其运用于军事斗争，便成为战争决策者首先需要慎重落实的一环。"庙算"的本意是指兴师之前君臣齐聚庙堂筹划定计，运筹帷幄，具体内容就是比较双方实力，分析利害得失，谋划作战方略，预测战争胜负，它反映的是古代君王对于战争的高度重视和小心谨慎。这是就战略决策而言。就普遍意义而言，庙算也可以称作"妙算"，即神机妙算，"掐指一算，便知分晓"，"眉头一皱，计上心来"。所谓"运筹帷幄之中，决胜千里之外"，是为庙算之妙。

在今天看来，庙算可以泛指，不限于一切开战之前的战略筹划和战事决策，而可在更广泛的意义上和更宽泛领域，如政治、经济领域等使用这一概念。西汉时期刘邦手下的重要谋士张良"运筹帷幄之中，决胜千里之外"，在楚汉相争期间为刘邦制定了联结英布、彭越，追击项羽，歼灭楚军的方略，助刘邦大败楚军，成就帝业，是为庙算。而三国时期刘备纡尊降贵，三顾茅庐，孔明纵论大势，高屋建瓴，隆中献策，向刘备提出"占据荆益，谋取西南，联合孙权，对抗曹操，统一全国"的建议；郭嘉从道、义、治、度、谋、德、仁、明、文、

（明）李在绘《圯上授书图》

秦朝末年，张良在桥上散步，遇到一个老人故意把鞋扔到桥下，要求张良捡回来，并替自己穿上。张良敬对方是老人，勉强照做，老人笑盈盈离开，但又转身回来，让张良五天后破晓时分，再次在桥上见面。张良依约照做，但老人已经到了，且责备张良不该迟到。这样反复了三次，张良不断提前赴约，终于比老人早到。老人高兴了，送张良一部《太公兵法》。张良悉心研读，并学以致用，后辅佐刘邦成就了霸业。

武等十个方面深刻分析曹操和袁绍之间的优劣，揭示曹操胜、袁绍败的必然性，提出著名的"十胜十败"论，坚定了曹操与袁绍展开决战的决心与信心，促使魏军大获全胜，均堪称庙算的典范。

战前庙算很重要，那么如何进行庙算呢？

孙子在《始计篇》提出了以"五事""七计"为主要内容的运筹全局的庙算方法。他说："经之以五事，校之以计而索其情。""经之以五事"，就是从五个方面分析预测战争胜负的概率；"校之以计而索其情"，就是通过对敌我双方各种条件的比较，来探索战争胜负的情况和规律。

接着孙子进一步论述，"五事"就是"一曰道，二曰天，三曰地，四曰将，五曰法"。"道者，令民与上同意也，故可以与之死，可以与之生，而不畏危也。天者，阴阳、寒暑、时制也。地者，远近、险易、广狭、死生也。将者，智、信、仁、勇、严也。法者，曲制、官道、主用也。"（《始计篇》）"五事"是指道、天、地、将、法五个方面。所谓道，就是要让百姓与君主同心同德，在政治思想上保持一致，这样百姓才乐于为君主出生入死而毫不畏惧危险；所谓天，即是天时，就是指昼夜阴晴、冬寒暑热和四时季节的变化；所谓地，就是指路程远近、地势险易、战场广狭、地形地理是否有利于攻守进退；所谓将，就是指将帅是否足智多谋、是否赏罚有信、是否关爱士卒、是否勇猛果敢、是否执法严明；所谓法，即法令制度，就是部队的组织编制、将吏的管理体制、军需物资的后勤保障等制度是否健全合理。孙子说："凡此五者，将莫不闻，知之者胜，不知者不胜。"对于这五个方面，一般来说将帅没有不知道的，但只有深切了解并完全通晓的人才能更好地统领军队打胜仗，否则就不可能取胜。这是讲的"五事"，那么"七计"又是什么呢？

"七计"就是指："主孰有道，将孰有能，天地孰得，法令孰行，兵众孰强，士卒孰练，赏罚孰明。吾以此知胜负矣。"（《始计篇》）这七个方面包括哪一方国君为政清明，哪一方将领才能出众，哪一方军队拥有天时地利，哪一方法令能够贯彻彻底，哪一方武器装备优良，哪一方士卒训练有素，哪一方赏罚公正严明。通过以上多方面的比较，孰优孰劣、孰强孰弱，高下立判，战争的胜负就容易知晓了。

庙算的过程，实质上就是对所掌握的敌我双方在社会政治、天时地利、将领素质、士卒能力、组织编制等多方面的信息，进行分析研判、酝酿制定大政方略的过程。"五事"以"道"为首，阐明了包括政治、经济、军事、自然诸条件在内的决定战争胜负的基本因素；"七计"同样把政治放在第一位，从七个方面阐明了制定战略决策的方法和依据。两者内容一致，为军事家研究战争、指导战争、统筹全局提供了一个清晰的分析框架和兵棋推演模型。

战前做好敌我双方的客观理性分析与评估，准确推断未来战场的胜负形势，执行强优补缺，也就是做好战前庙算，是《孙子兵法》全篇一再强调的基本功。对于这一思想，后人多有灵活运用与发展。而毛泽东的《论持久战》实为中国共产党人"庙堂之算"的又一典范。

1938 年 5 月，毛泽东在延安窑洞就着昏暗的油灯，奋笔疾书，写就了五万余字的雄文——《论持久战》，提出了打败日本侵略者的最高战略方针。毛泽东指出："中日战争不是任何别的战争，乃是半殖民地半封建的中国和帝国主义的日本之间在二十世纪三十年代进行的一个决死的战争。"战争的双方存在着四个相互矛盾的特点：敌强我弱、敌小我大、敌退步我进步、敌寡助我多助。第一个特点，敌强我弱：日本是一个强的帝国主义国家，其军力、经济力和政治组织力在东方是一等的，而中国是一个长期受帝国主义和封建主义剥削、压迫的半殖民地半封建国家，是一个弱国，在军力、经济力和政治组织力各方面都明显不如敌人，这就决定了战争之不可避免和中国之不可能速胜。但日本是一个小国，人力、物力不足，这就决定了它经不起长期的战争；再者日本发动的战争是非正义的帝国主义侵略战争，本质上是退步和野蛮的，这必将导致失道寡助，不可能得到国际正义力量的支持。反观中国，中国虽弱，但是一个大国，地大、物博、人多、兵多，足以支持长期的战争；其开展的战争是捍卫民族独立的反侵略战争，本质上是进步的和正义的。这种战争的进步性，及由此产生的正义性，必能唤起全民族的团结，激起敌国人民的同情，争取来自国际的广大援助。后面三个特点决定了中国不可能亡国。经过上述分析，毛泽东旗帜鲜明地得出结论："亡国论"是不对的，"速胜论"也是错误的；中国的抗日战争是一场持久战，最后的胜利一定属于中国。这一结论极大提振了中国人民战胜日本侵略者的信心，同时在战略层面指明了打败日本侵略者的方向和路径。不仅如此，毛泽东在《论持久战》中还科学预见了中国的抗日战争将经历战略防御、战略相持和战略反攻三个阶段，为战争趋势描画了一个大致清晰的轮廓。

2. 治军：令文齐武

治军思想是我国古代军事思想的重要组成部分，历代军事家都强调治军当严明赏罚、严格训练。孙子也不例外。他重视军队的组织管理，其《行军篇》《地形篇》明确而清晰地阐述了以令文齐武为主要内容的治军思想。他说："卒未亲附而罚之，则不服，不服，则难用也；卒已亲附而罚不行，则不可用也。故令之以文，齐之以武，是谓必取。"（《行军篇》）就是说，士卒还没有亲近依附（倾心拥护）就施加惩罚，他们会不服，不服就难以使用。士卒已经亲近依附了，仍不执行军纪军法，也不能用来作战。所以要用宽仁道义教育士卒，使他们思想统一，用军纪法令约束士卒，使他们行动一致，这样就必能赢得部下的敬畏和拥戴，这样的军队打起仗来就必定胜利。孙子还认为，要做到令文齐武，功夫在平时的训练，"令素行以教其民，则民服；令素不行以教其民，则民不服。令素行者，与众相得也"（《行军篇》）。这里的"民"就是士卒，我国古代实行寓兵于民的兵农合一制，生产者与战斗员常常不分。这句话的意思是，平素严格贯彻命令，管教士卒，士卒就能养成服从的习惯；平素从来不严格贯彻命令，管教士卒，士卒就会养成不服从的习惯。平时命令能贯彻执行的，表明将帅同士卒之间相处融洽。由此，孙子就明确提出了"令文齐武"的治军思想。

"令之以文，齐之以武"是孙子治军思想的核心。这里的"文"主要指礼制、宗法、仁恩、德信等，这里的"武"主要指法令、刑罚、威严等。曹操对此是这样注解的："文，仁也；武，法也。"杜牧运用晏子向齐景公举荐司马穰苴的例子来注释"文""武"的含义，他说："晏子举司马穰苴，文能附众，武能威敌也。""令之以文"，就是要以怀柔宽仁的品行，用精神教化、物质奖励等方法，来教育、团结、激励士卒，使士卒亲附、将士思想统一。"齐之以武"，就是士卒亲附之后还要用严格的军纪法度来约束、整饬部队，使将士行动一致。孙子认为，治理军队要恩威并施，既要申明晓谕，以教育手段提高士卒的能力，使人心悦诚服，即"令之以文"，又要贯彻军法军令，执法如山，士卒一旦违逆，便应重刑惩戒，即"齐之以武"，二者兼用，不可偏废。

孙子令文齐武、文武并重的治军思想，是对古代治军理论的高度概括。在中国古代的治军实践中，"仁"所体现的温情与"军中之法"所体现的严厉结合起来，就是《孙子兵法》所说的"令之以文，齐之以武"，既强调要用德礼教化引导士兵，又强调用严格的军法军纪强制其服从。历史上，凡是能做到令文齐武的军队，无不是常打胜仗的军队。南宋时期的"岳家军"，纪律严明，赏罚必信，以"冻死不拆屋，饿死不掳掠"为口号，视百姓如父母兄弟，所到之处，百姓欢迎，战则必胜。明代"戚家军"同样如此，所以在抗倭斗争中屡建奇功，名垂青史。

令文齐武，是春秋时代重民思想和法治思想在军事战争领域的具体体现。孙子把它运用于治军理论与实践中，认识到在战争中民心士气与法令制度对于军队建设同等重要，这是难能可贵的。对此，军事科学院《孙子兵法》研究专家刘庆认为，这一思想比单纯鞭笞杀戮的强制性方法要进步，且与崇尚"中庸"之道的中华民族文化相吻合，故几千年来一直被兵家奉为治兵准则；古代兵书《吴子兵法》提出的"总文武""兼刚柔"的将帅素质要求，近代兵书《曾胡治兵语录》中说"带兵如父兄之带子弟一语，最为慈仁贴切。能以存此心，则古今带兵格言，千言万语，皆可付之一炬"，都可以看作是对《孙子兵法》以令文齐武为核心的治军思想的发展。

严格的法令和规范的管理，是军队战斗力和作战效率的保障。孙子治军重"法"，重视军队的法规制度建设。所以在《始计篇》他将"法"列为"五事"之一，把"赏罚孰明"作为判断战争胜负的重要因素，又把"法令孰行"列为"七计"之一。他说："法者，曲制、官道、主用也。"所谓法，就是军队的组织编制、各级将吏的管理制度、各类军需物资的后勤保障制度。

将帅善待士兵，士兵拥护将帅，上下团结一心，是军队形成战斗力的关键。孙子倡导"令之以文"，所体现的精神是中国优秀传统文化的一个核心要素：仁。《孙子兵法》把"仁"作为优秀将帅的基本素质之一，这与中国古代的治军实践普遍重视"仁"的价值理念相吻合。在《孙子兵法》的视域里，"仁"在实际行动中具体表现为，将帅要关爱士卒、仁爱部下。孙子在《地形篇》中明确要求"视卒如婴儿，故可与之赴深溪；视卒如爱子，故可与之俱死"。对待士兵像体贴婴儿一样，士兵就可以与你赴汤蹈火；对待士兵如同关爱儿子一样，他们就会与你同生死、共患难。但凡事皆有度，"爱兵"不可"惯兵"，爱卒并非娇惯，因为"厚而不能使，爱而不能令，乱而不能治，譬若骄子，不可用也"（《地形篇》）。如果对士卒过分厚待却不能使用，一味溺爱却不能指挥，违反法令而不能惩治，那就如同娇惯了的子女，是不可以用来同敌人作战的。孙子在这里强调，将领既要关心爱护士卒，使其感恩戴德，又不能过分宽松厚养，骄纵放任，而要做到爱、严相济，奖、惩结合，体现了治军问题上的鲜明辩证法。

孙子本人既是这一思想的倡导者，也是这一思想的模范执行者。人们所熟悉的"孙子演阵斩美姬"就充分体现了这一治军思想。战国吴起不但在其所著兵书《吴子兵法》中发展了这一思想，而且在实践中也是爱兵如子的典型。史载吴起领兵，不但与士卒同甘共苦，士卒中有父子先后患病疽者，吴起甚至还亲自用嘴为父子俩吸吮脓疮，而致父子俩感恩大将军，拼死沙场。此外，还有东汉的段颎，被封为破羌将军，出征西羌，

"行军仁爱，士卒伤者，亲自瞻省，手为裹疮。在边十余年，未尝一日蓐寝，与将士同苦，故皆乐为死战也"。清末名将曾国藩也主张"带兵之道，用恩莫如用仁，用威莫如用礼"。

"令之以文"，用今天的话表述，就是用政治教育、物质激励、精神鼓励来教育军队，使之形成为谁打仗的基本思想，相当于现代的思想政治教育。黄埔军校把政治教育与军事训练提高到同等重要的地位，培养了一大批既懂军事谋略又有崇高思想品德的优秀将领。孙中山先生批准贴在军校大门上的对联"升官发财请往他处，贪生畏死勿入斯门"，横批"革命者来"，就是在教育学生来黄埔要不为做官不为发财，而是要像革命先烈一样为革命舍身成仁。中国人民解放军建军史上，毛泽东一直很重视对军队的思想教育，三湾改编把党的支部建在连上，古田会议确立了着重从思想上建党和从政治上建军的原则，规定红军的性质、宗旨和任务等事关党的事业兴衰成败的根本性问题，都是为了加强对将士的政治教育，为建设新型人民军队发挥了极其关键的作用。

"齐之以武"，就是用严格的军纪军法修正、管理部队。秋收起义失败后，在向井冈山进发途中，毛泽东提出了"三大纪律六项注意"，后发展为"三大纪律八项注意"。1947 年 10

月 10 日，毛泽东起草了《中国人民解放军总部关于重行颁布三大纪律八项注意的训令》。自此，内容统一的"三大纪律八项注意"就以命令的形式固定下来，成为全军的统一纪律。可见，中国人民解放军从建立的那一天开始，毛泽东就为之制定了严格的纪律，并将政治教育、思想教育和纪律教育等纳入军队的日常建设工作中，营造了军队内部平等、信任、和谐、融洽的关系，真正做到了"令之以文，齐之以武"。故能从小到大、从弱到强、屡挫强敌，成为一支举世闻名的文明之师、威武之师。

3. 用兵：我专敌分

所谓"我专敌分"，从字面理解就是，把自己的兵力集中致一，使敌方的兵力分散混乱。孙子在《虚实篇》论述道："形人而我无形，则我专而敌分；我专为一，敌分为十，是以十攻其一也，则我众而敌寡；能以众击寡者，则吾之所与战者，约矣。"这段话的意思是，用示形的办法欺骗敌人，诱使其暴露企图，而自己不露形迹，使敌人捉摸不定，就能够做到自己兵力集中而使敌人兵力分散；自己兵力集中于一处，敌人兵力分散于十处，这样，我方就能以十倍于敌的兵力打击敌人，从而形成我众而敌寡的有利态势；能做到以众击寡，那么与我军直接交战的敌人就少了。这与《军争篇》强调兵以诈立、以利动，也要以"分合为变"的思想是一致的，都是主张要根据战场实际，灵活处理兵力分散与集中的问题。

在这里孙子提出了一个兵力使用的基本原则：我专敌分。"我专"，就是我方的兵力要集中；"敌分"，就是想方设法使敌方的兵力分散。可见，"我专而敌分"，不仅是指己方兵力集中的一面，还有分散敌方兵力的另一面。孙子反对以弱小力量不切实际地硬扛敌人，指出"小敌之坚，大敌之擒也"，强调根据敌我力量的不同情势采取不同的应对策略，主张在分散敌军的基础上以十倍、五倍的优势兵力去围困、攻击敌人，造成"以石投卵"的局面。孙子说："故用兵之法：十则围之，五则攻之，倍则分之，敌则能战之，少则能逃之，不若则能避之。"当兵力十倍于敌人时，就四面围困，迫使敌人屈服；五倍于敌人时，就主动对敌发起进攻；两倍于敌人时，就设法分散敌人，以造成局部上的明显优势；当敌我双方兵力相等时，就要勇猛果敢，出奇兵向敌薄弱处攻击；当敌众我寡、兵力不及敌人时，就要设法摆脱敌人，另寻战机；当各方面条件都不如敌人时，就要设法避免与敌人交战。

孙子"我专敌分"的思想，既是弱势的一方战胜强敌的不二法门，同时也是强势的一方能够轻而易举战胜敌人的诀窍。那么，战争中如何才能做到"我专而敌分"呢？孙子的回答是"形人而我无形"。因为，"形人而我无形"不仅可以使"我专而敌分"，形成"以十攻一"的局部兵力优势，而且可以使敌对"吾所与战之地不可知"，就是敌人不知道与我交战的地方，而"不可知，则敌所备者多；敌所备者多，则吾所与战者，寡矣"。不知道与我交战的点，敌人防备的地方就多，也就是要处处防备。敌人防备的地方多了，兵力就分散了，那么与我直接作战的敌人就少了。这样敌人"备前则后寡，备后则前寡，备左则右寡，备右则左寡，无所不备，则无所不寡。寡者，备人者也；众者，使人备己者也"。注意防备前面，后面的兵力就薄弱；注意防备后面，前面的兵力就薄弱；注意防备左翼，右翼的兵力就薄弱；注意防备右翼，左翼的兵力就薄弱：其结果是处处防备，处处兵力薄弱。如此，敌方就会"左不能救右，右不能救左，前不能救后，后不能救前"，左右不能相救、前后不能照应，也就是前后左右不能兼顾。以此观之，兵力薄弱，是分兵防守对方的结果；兵力众多，是调动敌人分兵防守自己的结果。(《虚实篇》)

所以，孙子说："古之善用兵者，能使敌人前后不相及，众寡不相恃，贵贱不相救，上下不相收，卒离而不集，兵合而不齐。"(《九地篇》)古代善于用兵的人，能使敌人前后部队无法相互策应，大部队（主力）和小部队无法相互倚靠，军官和士卒之间无法相互救援，能打破敌军建制，使其上下失去联络，无法聚拢，能使敌军士卒溃散，无法集中，即使集中了也不整齐统一。由此孙子告诉后来者，即使敌方兵力众多也不可怕："以吾度之，越人之兵虽多，亦奚益于胜败哉？故曰：胜可为也，敌虽众，可使无斗。"(《虚实篇》)依我看来，越国兵众虽多，但对于战争的胜负又有什么补益呢？所以说，胜利是可以争取到的，敌人的兵力虽多，也可以创造条件分散它的兵力，使之无法与我争斗。

同样值得注意的是，《孙子兵法》"我专敌分"的思想派生出了另一个重要的作战指导原则："并敌一向"。对此，孙子以

"我专敌分"思想为基础，在《九地篇》中作了比较详细的阐述。他说："为兵之事，在于顺详敌之意，并敌一向，千里杀将，此谓巧能成事者也。"用兵打仗，在于审慎地考察敌人的意图，集中兵力攻击敌人的一点，这样即使出征千里，也可擒杀敌将，这就是所谓巧妙能成大事。

什么是"并敌一向"呢？孙子在兵法中通过打比方、举例子的方法进行了形象说明。他把"并敌一向"比作常山率然蛇："善用兵者，譬如率然；率然者，常山之蛇也。击其首则尾至，击其尾则首至，击其中则首尾俱至。敢问：'兵可使如率然乎？'曰：'可。'"（《九地篇》）就是说，善于指挥作战的将帅，能使部队如同率然。率然是常山（北岳恒山）的一种蛇，打它的头部，尾部就会来救应；打它的尾部，头部就会来救应；打它的腰部，头部和尾部都会来救应。试问：部队可以做到像率然蛇一样吗？答案是：完全可以。

为什么可以做到呢？他进一步举吴人和越人的例子加以说明："夫吴人与越人相恶也，当其同舟而济，遇风，其相救也如左右手。"（《九地篇》）吴国人和越国人彼此相互敌视，为仇敌，但是在同船共渡遇上大风，同处危难的时候，他们能团结起来，像左手帮右手一样相互救援。所以，"方马埋轮，未足恃也；齐勇若一，政之道也；刚柔皆得，地之理也。故善用兵者，携手若使一人，不得已也"（《九地篇》）。意思是说，想通过将马匹捆绑在一起、将车轮掩埋起来的办法来稳固军心，是靠不住的；能使士卒齐心协力勇敢作战，团结得就像一个人一样，这说明军队管理得法；无论刚强的士卒，还是柔弱的士卒，在战场上均能拼尽全力，这说明将领能够利用地形之利。所以善于用兵的将领，能使全军携起手来，就像一个人一样齐心，这是客观形势不得已的结果。可见，"并敌一向"的实质，在于集中绝对优势之兵力，在此基础上对敌实施致命打击。

"并敌一向"的用兵原则，历来为中外兵家所重视，在中外战史上有着许许多多的正反面典型战例。

毛泽东非常重视运用此法克敌制胜。他说："在有强大敌军存在的条件下，无论自己有多少军队，在一个时间内，主要的使用方向只应有一个，不应有两个。"克劳塞维茨也特别重视集中优势兵力的问题，他说："无论在战术上还是在战略上，数量上的优势都是最普遍的制胜因素。""但是优势有程度上的不同，它可以是两倍，也可以是三倍、四倍等等。每个人都懂得，如果照这样增加上去，数量上的优势必然会压倒其他一切。数量上的优势是决定一次战斗结果的最重要因素。"可见，无论兵力多寡，是进攻还是防御，集中兵力是具有普遍意义的作战指导原则，是实现战略上以少胜多，而战术上以多胜少的不二法门。

斯大林格勒战役后期，苏军由防御转入反攻，参加反攻的部队有三个方面军达上百万人，但苏军在数百千米的进攻面上，只选择了七个突破点，结果一举突破了德军的防线，合围并歼灭了在斯大林格勒周围的全部德军。可见，只要能真正做到"并敌一向"，选择敌人的薄弱环节，集中兵力和火力实施攻击，必能取得显著成效。

4. 诡道：兵以诈立

孙子在《始计篇》和《军争篇》明确阐述了兵以诈立的诡道思想。他在《始计篇》指出："兵者，诡道也。"所谓

"诡道"，即诡诈之道，含有欺诈诡异、因事设奇、任势制胜等意思。曹操把"诡道"注释为"兵无常形，以诡诈为道"，即用兵打仗没有固定的、一成不变的模式，唯以谋略出奇、诡诈制胜为基本遵循。在《军争篇》，孙子更是鲜明指出："兵以诈立，以利动，以分合为变。"就是说，用兵打仗当以诡诈多变获得成功，以利益大小作为行动准则，根据战场实际决定集中或分散使用兵力。这就告诉我们，在战争中，不诡诈无以成功，要想战胜敌人，赢得胜利，必须不断变换自己的措施和外在之"形"，示假隐真，以达到欺骗敌人、诱使敌人上当的目的。

交朋友全凭信义，斗顽敌应通诡道。用兵之道在于诡，用兵的根本特征在于诡诈奇谲。这就要求在军事斗争领域善于运用各种方法，用尽各种手段，或阴谋或"阳谋"，根据人性或贪婪、或恐惧、或心虚等弱点，来误导、扰乱敌军，使敌军失去平衡（或均衡），进而集中优势，攻敌弱点，做到出其不意，攻其不备。兵不厌诈，古今常理。《孙子兵法》里面的"兵者诡道""兵以诈立"，是军事上的灵活机变、出奇制胜，与道义上的欺骗、欺诈不是一回事。杜牧如此注解："诈敌人，使

（明）佚名绘《倭寇图卷》（局部）

此卷藏于日本东京大学，描绘了明代官兵抗击倭寇的场景。从右往左，画面依次表现了百姓逃难、明军与倭寇水上激战等内容。

不知我本情，然后能立胜也。"军事上的诡诈用兵是千百年来军人用鲜血总结出来的真理，符合战争的规律，目的是减少代价，提高胜算，把伤亡和破坏降到最低，而绝非某些人所苛责的那样：权谋术数，非圣人之道。

因此，在你死我活的战争中，不能简单地用道德来衡量人的行为。要想打赢，就得想方设法地蒙骗对方，不让对方知道自己的真实意图。骗得对方越厉害，取胜的把握就越大。

　　那么如何才能蒙骗敌方呢？孙子以"攻其无备，出其不意"为核心，提出了"能而示之不能，用而示之不用"等具体的制胜方法，即俗称的"诡道十二法"。他在《始计篇》里说："能而示之不能，用而示之不用，近而示之远，远而示之近，利而诱之，乱而取之，实而备之，强而避之，怒而挠之，卑而骄之，佚而劳之，亲而离之。"也就是，能战却装作不能战，要打却假装不想打，实际进攻近处却装作要进攻远处，实际进攻远处却显示要进攻近处，敌人贪利就用小利引诱，敌人混乱就乘机攻取，敌人实力雄厚就严加防备，敌人兵势强盛就避其锋芒，敌人暴躁易怒就设法挑逗激怒，敌人卑怯谨慎就设法使其骄傲自大，敌人安逸自在就设法使其

劳顿，敌人内部团结就设法离间分化。这其中，前面四法是
"示形"，即采用欺骗和伪装的手法，隐真示假，麻痹敌人，
争取胜利；后面八法是"用诈"，是针对八种不同情况的敌人
所采取的八种不同的对付方法，通过施放假情报，如诱敌、
避敌、挠敌、骄敌、劳敌、离敌，主动挑逗敌人，使其失去
章法，自乱阵脚，处于有隙可击的不利地位，然后捕捉战机，
攻其无备，出其不意。

　　"示形"和"用诈"是"诡道十二法"的基本精神。示形
既包含示形也包含隐形，既包含佯动也包含调动。战国中期
的齐魏马陵之战，孙膑针对庞涓骄傲轻敌、求胜心切的心理
弱点，采取"减灶"示形的手法，以强示弱，故意施放出兵
力弱小的假情报，造成庞涓在敌情判断、制定作战计划上的
失误，使魏军在马陵被齐军一举歼灭。东汉时代的武都之战，
汉将虞诩用的是"增灶"示形之计。他们都达到了示伪形于
敌的目的。

　　"攻其无备，出其不意"是"诡道十二法"的灵魂和要义，
是孙子"权诈之兵"的精髓。孙子清楚地告诉我们，只有"攻
其无备，出其不意"，才能"敌不及拒"。它可以在对手失去戒

备的情况下，或者以对手料想不到的时间、地点、方式，实施突然打击，在短时间内取得军事上的巨大效果。可见，"诡道十二法"的实质就是虚虚实实、真真假假，假作真时真亦假，无为有处有还无。所以宋人张预对此注解说："用兵虽本于仁义，然其取胜必在诡诈。故曳柴扬尘，栾枝之谲也；万弩齐发，孙膑之奇也；千牛俱奔，田单之权也；囊沙壅水，淮阴之诈也。此皆用诡道而制胜也。"张预在这里一口气连用了四个经典战例来说明用兵取胜在于诡道。

《孙子兵法》"兵以诈立"的诡道论，揭示了军事斗争的一条普遍规律，即战争的胜利是凭借诡诈欺骗建立起来的，虚虚实实，真真假假，相互施计用谋，是军事斗争的常态。

在中国人民大学教授黄朴民看来，《孙子兵法》"诡道"思想的提出，是中国军事思想发展史上的一个划时代的进步，是对用兵问题上"以礼为固，以仁为胜"陈腐观念的极大冲击，从根本上划清了同以《司马法》为代表的旧"军礼"的界限，揭示了军事斗争的基本规律。它揭开了温情脉脉的"礼乐"面纱，毫不掩饰地把"兵以诈立，以利动，以分合为变"的原则公之于世，毫不讳言"功利"是用兵打仗的出发点。

他进一步论述：在战争目的方面，《孙子兵法》明确提出"伐大国"，战胜而强立，这是对以往"诛讨不义""会天子正刑"的否定。在战争善后上，《孙子兵法》主张拔"其城"，隳"其国"，这是与以往"又能舍服""正复厥职"的对立。在作战方式上，与以往"军旅以舒为主""虽交兵致刃，徒不趋，车不驰"情况所截然不同的是，《孙子兵法》一再强调"兵之情主速，乘人之不及，由不虞之道，攻其所不戒也"。在后勤保障及执行战场纪律方面，《周礼》《司马法》等主张"入罪人之地""无取六畜、禾黍、器械"，而到了《孙子兵法》那里，则是宣扬"因粮于敌"……主张"掠于饶野""掠乡分众"。凡此种种，不胜枚举，均反映了春秋后期的战争指导思想，较春秋前期有许多显著的变革、发展和差异。(《孙子兵法十八讲》)

对此，早在南宋时期，学者郑友贤就意识到了这一点，他在《孙子遗说》中说："《司马法》以仁为本，孙武以诈立；《司马法》以义治之，孙武以利动；《司马法》以正不获意则权，孙武以分合为变。"这最为贴切地区分了两者不同的特色，道出了不同时代条件下的战争观，反映了孙子对春秋末期战争新特点的敏锐洞察。

　　大家都知道，战争并不是一开始就"以诡诈为道"的。春秋中期以前，战争虽已经很频繁，但由于受周礼的制约，大家崇尚的是仁礼之战，提倡"以礼为固，以仁为胜"（以礼制为规范，军队就能巩固，以仁爱为宗旨，就能战胜敌人），强调打仗"不加丧、不因凶"（敌方遭受自然灾害了、有国丧了，不能乘人之危，去攻打人家），主张"冬夏不兴师"（冬季严寒、夏季酷热时不打仗）。因此，战争既不像后世那样竞相使用诈谋，也没有后世那样激烈和残酷，而是如《左传·僖公二十二年》记载的那样，"不重伤，不禽（擒）二毛（二毛：指头发斑白，引申为上了年纪的人）……不以阻隘也。……不鼓不成列"，即不让已经受伤的敌人再次受伤，不俘虏已经有白头发的敌人，不利用险要地形，如对方尚未摆好阵势就不击鼓交战（不攻击没有准备好的敌人）。

　　到了春秋晚期以至战国时代，诸侯争霸、兼并战争更趋频繁激烈，军事思想逐步摆脱"军礼"的束缚。过去那种"鸣鼓而战"的堂堂之阵战法逐渐被否定，战争变得日益诡诈和残酷起来，战争也一步一步由"仁礼之兵"转变为"变诈之兵"。

对此，班固在《汉书·艺文志》中写道："自春秋至于战国，出奇设伏，变诈之兵并作。"道出了当时战争的新变化。孙子作为一个杰出的军事家，及时把握了这一变化，提出了著名的"兵者诡道"思想，确立了"兵以诈立"的基本原则。而宋襄公没有看到这一点，在军事战争中信守所谓"仁义"，搞所谓"堂堂之阵"，结果在泓水之战中丧军败旅，导致"覆军杀将"的严重后果，留下千古笑柄。

5. 速胜：兵贵胜不贵久

兵贵神速，是历代兵家极为推崇的一个用兵打仗的原则，也是孙子高度重视的一个重要作战指导思想。《孙子兵法》主要在《作战篇》《九地篇》对这一思想进行了阐述。在《作战篇》，孙子提出"其用战也胜""兵贵胜，不贵久"。在《九地篇》，孙子又强调"兵之情主速""始如处女""后如脱兔"等。这些论述简洁而又鲜明地表达了兵贵神速的思想。

在孙子看来，用兵神速，可以打得敌人措手不及，让敌人猝不及防，从而收到意想不到的效果。他在《九地篇》说："兵之情主速，乘人之不及，由不虞之道，攻其所不戒也。"就是说，用兵的关键在于速度要快，要乘敌人措手不及的时机，走敌人意想不到的路径，攻击敌人没有防备的地方。因此，"敌人开阖，必亟入之，先其所爱，微与之期"。敌人一旦出现间隙，有机可乘，就要迅速趁机而入，首先夺取敌人的战略要地，但不要轻易与敌人约期决战。这就要求，在战争开始之前要"始如处女，敌人开户"，要像处女那样显得沉稳柔弱，诱使敌人放松戒备；而一旦开打，则"后如脱兔，敌不及拒"，要像逃脱的野兔一样行动迅捷，使敌人措手不及，无从抵抗。

为什么强调兵贵神速呢？孙子主要从战争消耗巨大和持久用兵可能带来的种种危害两个方面阐述了兵贵神速的必要性和重要性。

一方面，战争耗费巨大。他在《作战篇》告诫统治者，发兵之前必须考虑国家能否承受庞大的军费开支："凡用兵之法，驰车千驷，革车千乘，带甲十万，千里馈粮。则内外之费，宾客之用，胶漆之材，车甲之奉，日费千金，然后十万之师举

（明）周鼎绘《左良玉出师图》（局部）

左良玉为明朝末年将领，曾率兵镇压农民军，此画即表现了其出征画面。由蜿蜒绵亘的队伍可以想象，一场战争劳师动众，人力、物力、财力等消耗巨大，所以《孙子兵法》开篇即说："兵者，国之大事。"同时强调"慎战""速胜"等。

矣。"在《用间篇》则精确计算了战争对人力、物力的消耗："凡兴师十万，出征千里，百姓之费，公家之奉，日费千金，内外骚动，怠于道路，不得操事者，七十万家。"战争机器一旦发动，必将消耗巨大的"百姓之费"与"公家之奉"，贸易将无法正常进行，正常的农事耕作将被中断，物价难免上涨。孙子反复用"日费千金"，强调战争的巨大消耗。这样巨大的消耗，是国家难以长久负担的。故"兵贵胜，不贵久"，打仗应该力求速胜。

的确，打仗就是打钱。战争是力量的竞赛，是实力说了算，需要以国家强大的经济实力作后盾。这一规律在今天依然没变。奥地利名将莫德古古里曾说过："作战的第一要素是钱，第二要素是钱，第三要素还是钱。"话说得有些偏激，但道理却大体是对的。

另一方面，持久用兵会带来国家财力枯竭、百姓经济贫困、军队疲敝、战力下降等可能危及国家安全的严重后果。战争本身消耗巨大，而一旦久拖不决，则会"国用不足"，使国家经济发生困难，"久则钝兵挫锐，攻城则力屈，久暴师则国用不足"，同时，"力屈、财殚，中原内虚于家。百姓之费，十去其七；公家之费，破车罢马，甲胄矢弩，戟楯蔽橹，丘牛大车，十去其六"。(《作战篇》)如果旷日持久用兵就会使军队疲惫，锐气受挫，军力耗尽，财力枯竭，家家贫困空虚，百姓的财物耗去十分之七；公家的资财，由于战车损坏，战马疲病，装备、兵器、战具的损耗，辎重车辆的损坏，耗去十分之六。这必然导致国家财用不足。更为严重的后果是，在"钝兵挫锐，屈力殚货”的情况下，诸侯必定会趁火打劫，"乘其弊而起，虽有智者，不能善其后矣"（《作战篇》），陷入腹背受敌、多面作战的不利处境。这样的话，即使足智多谋之士也无良策来挽救危亡。"故兵闻拙速，未睹巧之久也。夫兵久而国利者，未之有也。"（《作战篇》）所以在实际作战中，只听说宁拙而力求速胜的，没见过为了求巧而久拖的。战争旷日持久而有利于国家的事，从来没有过。在这里，孙子分析了久战的种种危害之后，顺理成章得出结论：兵贵神速。主张宁肯"拙胜"，也不要"巧久"。

战争实践表明，持久的军事行动势必造成人员的大量伤亡、武器装备的大量损失和作战物资的巨大消耗，甚至拖垮一个国家的经济。根据第二次世界大战的经验，进攻速度每提高1至2倍，人员的伤亡、弹药的消耗、武器装备的损毁则可以大大减少。部队在作战和执行任务时，若能保持较高的速度，对争取主动、形成有利态势、保障顺利完成任务则具有重要意义。历史上因遵循孙子速胜思想而取得成功的战例俯拾皆是。

在西方军事界，速战速决的原则被许多军事家奉为圭桌，成为拿破仑、克劳塞维茨、约米尼、毛奇、施里芬等人所热衷的军事理论命题。实际作战中，处于战略进攻的一方为了确保战争的胜利，总是力求以速战速决的方式对敌实施迅猛打击，实现自己的战略意图。第二次世界大战中德国对欧洲的闪击战，便是抓住了速度制胜这一关键。1940 年 5月，德国军队发起闪电战。短短一个多月，荷兰、比利时、法国等相继投降，希特勒的铁蹄就如风卷残云般横扫了欧洲大地。

在信息深度融合的现代和未来战场，变与不变中，速度仍是战争之魂，"快"正成为体系作战能力建设的关键。美军的"快速决定性作战理论""联合作战构想理论""发现即摧毁"的"全球快速打击理论"等，都把速度列为决定战争胜败的第一要素。美国空军从发现目标到实施打击，海湾战争时需要 1 天，科索沃战争需要 2 小时，阿富汗战争则缩短至 19 分钟，到伊拉克战争时只需 3 至 5 分钟。"首战即决战""外科手术式打击"已成为常态。美国前国防部长科恩有句话被广泛引用：过去的战争哲学是大吃小，现在的战争哲学是快吃慢。可谓是对《孙子兵法》速胜思想的通俗表达。

在我国近代战争史上，《孙子兵法》的速胜思想也有着广泛而娴熟的运用。抗日战争时期，日本人是熟知《孙子兵法》的。他们深知日本国小力薄，难以支撑持久战争的消耗，于是提出速战速决，妄图三个月灭亡中国。后随着日本侵略军深入内地，共产党领导、开辟的敌后战场实行坚壁清野，日军的后勤补给愈益困难，同时共产党又提出持久战略，"以空间换时间"，日本终至失败。日军其实对兵法只知其一不知其二，他们吸取了孙子速战速决和"因粮于敌"的智慧，却忽略了兵法里最重要的一条——"得道者胜"，忽略了中国是《孙子兵法》的故乡，真正懂得其真谛的是以毛泽东为代表的中国人，所以虽气势汹汹，但终免不了败亡的结局。毛泽东喜欢看古书。他是否仔细研读过《孙子兵法》，我们不清楚。然而，这个一天军校也没有上过的领袖，却把"兵贵胜，不贵久"这句话运用到了极致。在抗日战争时期，他利用日本人打得起却拖不起的特点，提出了著名的以哲学为基础的"持久作战"理论。你日本人越是想速胜，我越是要拖你，和你打持久战。最后，终于让日本人倒了大霉。

兵贵神速，一般是对于主动进攻的一方说的。然而，对于弱者而言，则恰恰相反，要尽可能地将战争拖向持久，并在持久的过程中努力转换双方的强弱地位，最后战胜敌人。可见，毛泽东是真正懂得《孙子兵法》精髓的战略家、军事家。他把《孙子兵法》的速胜思想成功运用于抗日战争，以持久战对抗日本的速决战，充分体现了他对《孙子兵法》速胜思想的巧妙运用和灵活发展。

同样，历史上因违背孙子速胜训诫而战败的例子也很不少。颇具典型意义的一个，是 20 世纪 60 到 70 年代美国发动的越南战争。越南战争是美国自第二次世界大战后伤亡最为惨重的一次战争，给美国人民造成了无法估量的心灵创伤。这场战争，美国消耗巨大，而且不能速战速决，犯了兵家大忌。一是劳师远征。美国与越南相距遥远，美国投入 55 万本国军事力量跨越太平洋，到本土以外的国家作战，可谓不远万里。二是持久作战。该战役从 1961 年到 1975 年，历时近 15 年，是美国历史上最长的国外战争。在总结失败教训时，美国前总统尼克松在他的《真正的战争》一书中是这样反省的：民主国家总是没有做好充分准备打旷日持久的战争。……2 500 年前，中国古代战略家孙子写道："夫兵久而国利者，未之有也。"又说："兵贵胜，不贵久。"而美国人民没有得到的就是胜利。尼克松说，美国在越南战争中胜利无望正是应验了孙子的话。

现如今，《孙子兵法》的速胜思想也被广泛运用于企业经营管理。恩格斯早在 1853 年 11 月所写的《土耳其战争的进程》中就把兵战和商战联系起来："行动的迅速可以弥补军队的不足，因为这样可以在敌人还没有来得及集中兵力以前就进行袭击，正如同商业上说'时间就是金钱'一样，在战场中也可以说，时间就是军队。"大家都吃过快餐，热衷于吃快餐。快餐店为什么受人追捧？就是因为它节省了大多数人的大部分时间，把时间放在了第一位。大家也都去过沃尔玛购物，作为全球最大的零售公司，沃尔玛的制胜之道，就是比它的竞争对手总是快 80%，这使得它的增长速度要比对手快 3 倍。

6. 为将五德：智、信、仁、勇、严

古人云：千军易得，一将难求。的确，一个国家将帅德行情操的优劣、韬略智慧的长短、指挥艺术的高下，直接关系到

军队的安危、战争的胜负。孙子显然深知这一道理，他把将帅的重要性提升到事关国家存亡和百姓生死的高度，他说："将者，国之辅也。"（《谋攻篇》）又说："知兵之将，生民之司命，国家安危之主也。"（《作战篇》）将领是国君之左膀右臂，而懂得用兵的将领，更是民众命运的掌控者、国家安危的主宰者。

将帅既然如此之重要，那么，衡量一个优秀将帅的具体标准是什么呢？孙子在开篇《始计篇》中提出了优秀将领的"五德"标准："将者，智、信、仁、勇、严也。"何为"智、信、仁、勇、严"？北洋时期著名军事理论家蒋百里认为，能机权、识变通之谓"智"，刑赏不惑之谓"信"，爱人悯物之谓"仁"，决胜乘势之谓"勇"，威刑肃三军之谓"严"，此五德者，为将者所宜备也。翻译成今天的白话文，就是一个优秀的将帅要有智谋才能，要赏罚有信，要关爱部下，要勇敢无畏，要军纪严明。

第一，为将要"智"。古人云，孙子尚智，孙膑贵势。孙子把"智"放在五德之首。他认为，一个优秀的将领首先要有智谋才能，要有雄才大略。这与"文圣"孔子重智的思想是一致的。被誉为战略研究第一人的钮先钟先生表示，智、仁、勇三个字的排列，孙子所定的顺序与孔子一致，只是再加上信与严二字而已。为什么文、武二圣都同样重智，将其列为第一优先？孔子说："智者不惑，仁者不忧，勇者不惧。"即为最佳的答案。所谓"不惑"者就是对于所面对的问题有彻底的了解，对于所遭遇的情况有完全的掌控，这样遂自然感到一切都有把握，而没有任何疑虑。所以，照逻辑来说，智者不仅能仁，而且也必有勇，智实为仁、勇的先决条件。孔子的这种认知逻辑当然也适用于孙子。

那么，什么是"智"呢？智，就是智谋、智慧、智力。我们知道，打赢战争的基础是实力，但很多时候将帅之"智"往往决定战争的走势乃至胜负。从古至今、从国内到国外，以少胜多、以弱胜强的战例可谓不胜枚举。原因就在于充分发挥了智的作用。因为智者在分析战争形势的时候，总会从全局的角度，统筹兼顾利害关系，也就是孙子在《九变篇》中所讲的"是故智者之虑，必杂于利害"，从而制定出最有利于己方的战略战术和战法。所以孙子认为，靠蛮力取胜的将领，即使百战百胜，也非善之善者；而凭智力挫败对方，以智谋不战而屈人之兵者，才是善之善者也。

第二，为将要"信"。所谓"信"，就是赏罚有信，诚实不欺。"信"是中国优秀传统文化的重要元素。韩非子重信，赞赏狐偃的话："信赏必罚，其足以战。"在韩非子看来，有信就有战斗力。孔子也重信，曰："道千乘之国，敬事而信。"作为大国统治者，第一位的是要办事认真，讲究诚信。

用在治军上，信就是该赏，不以远己而不赏，该罚，不以亲信而不罚，要做到赏罚分明，赏罚一致。用诸葛亮在《出师表》中的话讲，就是"宫中府中，俱为一体，陟罚臧否，不宜异同。若有作奸犯科及为忠善者，宜付有司论其刑赏，以昭陛下平明之理，不宜偏私，使内外异法也"。同时孙子还强调，打胜仗后要及时论功行赏以巩固胜利成果："夫战胜攻取，而不修其功者，凶，命曰费留。"(《火攻篇》)就是说打了胜仗，攻取了城池，要及时论功行赏以巩固胜利成果，否则凶险至矣，这种情况就叫作"费留"。故"明主虑之，良将修之"，明智的国君一定要慎重考虑这个问题，贤良的将帅必须认真处理这个问题。唯其如此，才能使人信服，才能统领他人。

用在为人上，是人言为信。《春秋穀梁传》云："言之所以为言者，信也。言而不信，何以为言？""信"字从人从言，

（元）赵孟𫖯绘《诸葛亮像》（局部）

诸葛亮手持如意，凭隐囊而坐，悠游自在。隐囊是一种软性靠垫，供人倚凭。

人＋言＝信，也就是说，人说出的话就要算数，所谓"君子一言，驷马难追"。诚信是立人之本，是做人做事必须坚守的道德底线。孔子曰："人而无信，不知其可也。"就是说，一个人如果不讲信义，真不知他该如何立身处世。

第三，为将要"仁"。孙子认为，作为一名优秀将帅，除了要有智谋才能、赏罚有信外，还要注重关爱部下。这就构成了孙子眼中优秀将帅的第三条标准："仁"。

什么是"仁"？从汉字造字法看，"仁"为会意字，从人从二，仁＝人＋二。其本意是说两个以上的人相互关爱。在儒家子弟看来，只有两人以上，人类各种社会关系包括道德关系、法律关系、人伦关系和天地人关系等，才得以开始和发展，而维系此等社会关系应以关爱、和谐为纽带。如同"道"是老子思想的核心一样，"仁"是孔子儒家思想的核心。孔子认为，仁者爱人，就是说，要以仁爱之心对待人和事。

用在带兵打仗上，仁就是要关爱部下，视卒为婴儿、爱子，因为"视卒如婴儿，故可与之赴深溪；视卒如爱子，故可与之俱死"。孙子说，对待士兵像体贴婴儿一样，士兵就可以与你赴汤蹈火；对待士兵如同关爱儿子一样，他们就会与你同生死、共患难，所谓"士为知己者死"也。军官对士兵的关爱，对士兵来说，是对自己生命意义的肯定，那么士兵对军官的回报，就是在战场上奋勇杀敌。《三国演义》中，刘备的仁慈贤明被刻画得入木三分、跃然纸上。与喜怒无常、奸诈残忍的曹操相比，刘备是三国史上真性情、真仁义的代表。无论是怒鞭督邮、求田问舍，还是仁感刺客、携民渡江，一桩桩一件件，将刘备的真性情、不做作，都展现得淋漓尽致。

第四，为将要"勇"。"勇"是孙子眼中优秀将帅的第四条标准。"勇"就是勇敢，有胆量，敢于担当，有"卒然临之而不惊，无故加之而不怒"（苏轼《留侯论》）的沉着、淡定与霸气。对此钱基博先生论述道："将以智为本，以勇辅之。而勇之为验有二：一曰临大危而不挫其气，一曰当大任而不避其艰。一言以蔽之曰：不畏艰险而已。"勇是优秀将领必备素质之一，但不是全部。战国著名军事家吴起说："凡人论将，常

蜀主刘备像

选自唐代阎立本绘《历代帝王图》。

观于勇。勇之于将，乃数分之一耳。夫勇者必轻合。"意思是说，常人理解的名将，常常是看他是否勇猛果敢。其实所谓勇气，只不过占将领素质的数分之一罢了。如果只依赖于勇，便缺乏为将的资格。

《孙子兵法》中的勇，含义很丰富。包括有担当，敢于承担责任，有谋略，是智勇，不是匹夫之勇；要果敢坚决，不瞻前顾后，犹豫不决，优柔寡断；面临危机而不慌，沉着淡定。苏轼称这种勇为"大勇"。1917 年 11 月，毛泽东在湖南省立第一师范学校求学时，率二百学生军妙计智擒三千北洋溃军，体现的就是一种大勇智勇。1944 年 6 月，指挥诺曼底登陆的艾森豪威尔将军冒着巨大风险、顶着巨大压力，发出 Let's go 这个指令，展现的是一个优秀为将者应有的责任、担当、勇气、决心与胆识，是真正的勇，而真正的勇，不是无所畏惧，是义无反顾。

第五，为将要"严"。孙子认为，作为一名优秀将帅，还必须具备"严"的品质。"严"就是要军纪严明，令行禁止。俗话说，没有规矩，不成方圆。作为一个以战争为职业的武装集团，军队更是如此。可以说，组织严密、纪律严明、秩序井然，是军队的基本特征。据中国人民解放军国防大学马骏教授考证，我国在夏朝时，就创立了军纪，严格的军纪是夏朝军队的一个显著特点。而翻开灿若繁星的中国古代兵家圣典，可以说，从严治军是贯穿中国军事思想发展的一条主线，也是中国历代军事理论颇具特色的一项内容。

为将要"严"，一是要严于律己。孙子认为，一个优秀的将领除了要有非凡谋略和杰出的军事指挥才能外，在思想素质、功名利禄方面也应当从严要求自己，要不计名利、敢于担当，唯国家利益是从："进不求名，退不避罪，唯人是保，而利合于主。"(《地形篇》)他还把公正严明列为优秀将领必须具备的四种心理品格之一："将军之事，静以幽，正以治。"(《九地篇》)在这里，"静"就是沉着，"幽"就是深思，"正"就是严正，"治"就是整治。统率军队作战，要做到沉着冷静、幽深莫测、公正严明、有条不紊。也就是说，将军统帅应具有静、幽、正、治四种素养。

二是要严格要求部属。常言道："慈不掌兵。"统兵作战，如果军纪不明，对部属要求不严，那终将是一群乌合之众，毫无战斗力，既丧师败军，又贻害国家。梅尧臣讲，孙子主

太傅高密侯邓禹

左将军胶东侯贾复

建威大将军好畤侯耿弇

执金吾雍奴侯寇恂

选自清代张士保所绘的《二十八
将图册》。"二十八将"是指汉光
武帝刘秀麾下，助其一统天下、
重兴汉室江山中功劳大、能力强
的二十八员大将。

张的智、信、仁、勇、严中，"严"能立威。将帅只有平时严于律己，又严格要求部属，才能真正做到不怒而威。金代时雍《道德真经全解》的解释道出了"不怒而威"的真谛："怒而威，其威也小；不怒而威，其威也大。圣人不以威屈天下，使民无畏威之容，而有畏德之心，则不怒之威默加乎人，是谓大威至矣。"让人惊叹的是，先于时雍一千多年的孙子早早就参透了这一真谛，在理论建构上，他把"严"作为优秀将帅的五条标准之一，把"赏罚孰明"作为战前比较敌我双方的七个维度之一，把"齐之以武"作为军队形成战斗力的关键因素；在实践操练中，吴宫教战斩美姬，就是孙子严明军纪的典型事例。此外，孙子还从反面论证了将帅不严可能导致的后果："将弱不严，教道不明，吏卒无常，陈兵纵横，曰'乱'。"（《地形篇》）就是说，将帅懦弱，缺乏威严，训练教育不清楚，官兵无所遵循，布阵就会杂乱无章，因此导致失败的就叫作"乱"。

"五德"——智、信、仁、勇、严，是一个完整的体系，它们相互关联、相互补充，缺一不可。只有"五德"俱全，才是真正的有能之将，才是孙子眼中的优秀将帅。明代隐士、军事家赵本学说："智足以料敌，信足以令众，仁足以得士，勇足以倡敢，严足以肃政。五者俱全，是谓有能之将。"依此而论，现代军事家彭德怀元帅当为典型代表，他一生征战皆是以少胜多、以劣胜优，前期作战甚至一切取之于敌，全靠缴获敌人的，发展自己；他横刀立马，出生入死，勇敢无畏，奋不顾身；他严格要求自己也严格要求士兵，又与士卒同甘共苦，对普通士兵关怀备至；他一心为国，赤胆忠心，又与人民打成一片、心忧百姓疾苦。

7. 为将五危：必死、必生、忿速、廉洁、爱民

孙子认为，一个优秀的将帅应该具备"智、信、仁、勇、严"五条标准，同时也要注意克服五种致命的性格缺陷。他在《九变篇》提出，将有"五危"："必死，可杀也；必生，可虏也；忿速，可侮也；廉洁，可辱也；爱民，可烦也。"将帅有勇无谋，只知死拼，就可能被诱杀；临阵畏怯，贪生怕死，就可能被俘虏；急躁易怒，一触即跳，就可能被敌轻侮而妄动；廉洁好名，过于自尊，就可能被污辱而丧失理智；而妇人之

仁，溺爱民众，就可能遭敌烦扰而陷于被动。"凡此五者，将之过也，用兵之灾也。覆军杀将，必以五危，不可不察也。"（《九变篇》）这五条，是将帅易犯的过失，也是用兵的灾祸。军队覆灭、将帅丧命，必定是这五种致命弱点所造成的，不可不认真研究，慎重考虑。

这就告诉我们，任何事物都应该掌握一个度，勇于牺牲、善于保全、同仇敌忾、廉洁自律、爱民善卒，本应是将帅必备的优良品德，但如果过了度，发展到"必"的程度，就会走向反面，变成死打硬拼、贪生怕死、性情暴躁、好名自尊、溺爱民众。而这往往是"覆军杀将"的诱因。所以，为将不可死打硬拼、不可贪生怕死、不可性情暴躁、不可好名自尊、不可溺爱民众。

第一，"必死，可杀也"。作为一个优秀将帅，视死如归、不怕牺牲的决心和勇气是必须的，但意气用事、有勇无谋，只知死打硬拼、不讲谋略，就有可能被敌方诱杀。孙子在《行军篇》讲："惟无虑而易敌者，必擒于人。"既无深谋远虑又一味轻敌的人，一定会被敌人擒获，讲的也是这个道理。好汉不吃眼前亏。毛泽东创造的游击战理论，"敌进我退，敌驻我扰，敌疲我打，敌退我追”的十六字诀和“打得赢就打，打不赢就走”的理念，可以说是对这一原理的鲜活运用。相反，李德、王明在第五次反围剿斗争中，在武器装备极其落后、敌我力量极不对等的情况下坚守阵地战，与敌人拼消耗，就犯了兵家大忌。

第二，“必生，可虏也”。尽可能地保全自己、保存实力是必须的，但临阵退却、贪生怕死，就有可能被俘虏。我们知道，军人走上战场就不能怕死，不能临阵退却。不然，不但违反军纪，动摇军心，而且往往越怕死，死得越快。

第三，“忿速，可侮也”。所谓忿速，杜牧是这样注解的：“忿者，刚怒也；速者，褊急也，性不厚重也。”也就是性格刚急易怒、心胸褊狭。将帅指挥作战必须保持从容镇定，如果急躁易怒、意气用事，就可能受敌凌辱而妄动。孙子一再告诫人们：“主不可以怒而兴师，将不可以愠而致战。”作为君主，千万不能为一时之怒而发动战争；作为将帅，千万不要为一时之气而出兵打仗。而必须“静以幽，正以治”，时刻保持清醒头脑，不得意气用事、冲动行事。

（清）佚名绘《前代君臣故事图·郦食其见刘邦》

刘邦虽有饱受争议的一面，但能一统天下的人，自然有其过人之处。如图所见，郦食其去拜见刘邦，刘邦正在洗脚，而没有正襟危坐。郦食其于是只拱手行礼，并不跪拜，然后问刘邦是想协助秦攻打诸侯，还是想要击败秦？刘邦破口大骂，说天下苦秦久矣，怎么能协助秦呢？郦食其于是说：您若真想聚集群雄去讨伐秦，就不该这样傲慢无礼地接见"长者"！刘邦于是停止洗脚，起身整理好衣服，请郦食其在尊客席上就座，并道歉。

　　为将者，当临大事而面有静气。战场上，指挥员面对突发情况，要有"泰山崩于前而色不变，麋鹿兴于左而目不瞬"（苏洵《心术》）的沉着与镇定。唯其如此，才能正确分析判断形势，并作出妥善处置，从而稳定军心，迷惑敌人。楚汉战争中，一次刘邦与项羽交战，刘邦大骂项羽，不料被项羽射中胸口，不能坐立马上。可是刘邦没有马上抚摸胸口，而是屈身去摸脚，并对周围将士大声喊：恶奴射伤了我的脚趾。将士们不知道他身受重伤，因而没有溃散，仍然奋勇杀敌。《三国演义》中，诸葛亮上演空城计，面对司马懿的大军，他在城头悠然抚琴，泰然自若，不论是神情还是琴声，都找不出任何慌乱的迹象，以此骗过了同样狡猾过人的司马懿。

第四，"廉洁，可辱也"。廉洁自律、洁身自好是为将者难能可贵的品质，但如果过分爱惜自己的名声，廉洁过了头，变成好名自尊、沽名钓誉，就可能因被敌人凌辱而丧失理智。历史上韩信可以承受胯下之辱，后助刘邦成就了一番大业；春秋时期，越王勾践兵败被俘，忍辱负重，甘为吴王夫差养马当差，终报大仇。后人记住他们的，不是他们所受之"辱"，而是"大丈夫能屈能伸"的美德。

第五，"爱民，可烦也"。仁爱民众，关爱部属，可以赢得民心、军心，使上下同欲，共赴战场，赢得战争。毛泽东不是教导我们"战争的伟力之最深厚的根源，存在于民众之中"吗？但是，如果爱护过了头，变成了宠爱，甚至溺爱，就容易被敌人烦扰而陷于被动。这里的"民"当然包括士卒。所以，孙子在《地形篇》中告诫我们，可以"爱兵"，但不可"惯兵"，强调将领既要关心爱护士卒，又不能过分宽松，不能骄纵放任。

以上是将帅五个致命的弱点，是为将者需要戒除的五种危险的性格缺陷。因为指挥员的思想意志、气质和性格上的缺陷，常常可成为对方"攻心"的缺口。

当然，现实中也有人不吃这一套。比如，楚汉相争中的刘邦，就连自己的父亲、妻子、儿女都可以统统不顾。项羽活捉了他的父亲和妻子吕雉，把他爹捆在案板上，旁边架一口大锅，说你不出战，就把你爹烹了。刘邦站在城墙上大声回应说：咱俩在怀王面前约为兄弟，我爹就是你爹，你要烹了咱爹，那也分一碗汤给我喝。十足的耍赖、泼皮嘴脸，项羽气得脸色铁青，但最终还是没伤害他的家人。

还有一次，刘邦被项羽打得大败，落荒而逃，夏侯婴驾车，刘邦和一对儿女也就是后来的汉孝惠帝和鲁元公主在车上。后有追兵，情况紧急，刘邦嫌车上人太多，有碍车速，便把一对儿女"推堕"车下，想着自己赶紧活命。夏侯婴赶紧停下车，把两个小孩抱上来，"如是者三"，并对刘邦说："虽急不可以驱，奈何弃之？"（《史记·项羽本纪》）最终大家安然无恙逃离了险境。像刘邦这样"不必死，不必生""不忿速"、不"廉洁"、不"爱民"，真应了当今流行的一句话：人至贱，则无敌！不过话得说回来，刘邦仅仅是个案、另类，不具有普遍性。当然，这样做也有可能是刘邦用的一个计谋。

8. 情报搜集：五间俱起

曹操曰："战者必用间谍，以知敌之情实也。"早在曹操之前，孙子就十分重视间谍的使用，他在《孙子兵法》中专列一章来阐述间谍类型及其使用方法，形成用间思想，成为《孙子兵法》军事情报思想的核心内容。

美国著名记者桑契·德·格拉蒙特在其《秘密战》一书中写：美国和苏联的间谍工作首脑们可能都愿意把中国军事理论家孙子当作他们的精神上的祖先。这话道出了孙子在世界军事情报史上的地位。孙子是中国历史，也是世界历史上第一个有记载的将"用间"（现代谓之"谍报"）提到战略高度来认识，并成功运用于战争实践的伟大军事家，是世界上系统阐述军事情报思想的先驱，堪称世界军事情报学鼻祖。而其军事名著、位列世界三大兵书之首的《孙子兵法》则是已知的最早的谍报学范本。正如英国作家理查德·迪肯在其《中国秘密特工史》一书中所肯定的那样：孙子早在公元前五百一十年写的兵法是已知的论述战争和谍报艺术，尤其是关于使用秘密特务组织方面的最早著作。虽然现在还无法肯定，但无疑这是已知的最早的谍报学范本。

孙子的军事情报思想贯穿《孙子兵法》全文始终，内容丰富，集中体现为"用间"思想。"用间"，通俗地讲，就是使用间谍，侦知敌情。"间谍"一词，渊源于"谍"——这是中国古代对侦探人员的通称。《说文解字》载："谍，军中反间也。""间"最初指敌人的弱点、罅隙。明代兵书《投笔肤谈》说"谍知敌情，而乘间隙以入之也"，正是谍的目的之所在。后来"间"和"谍"复合成一个词，古人则把使用间谍的行为简称为"用间"。"用间"是孙子极力倡导的主要的情报搜集方法，用间思想是孙子军事情报思想的精华。《孙子兵法》末篇《用间篇》围绕用间的重要性、间谍的种类，用间的方法、条件等问题，对用间理论进行了系统的阐述。

首先，系统阐述了用间的重要性。

用间是《孙子兵法》"谋攻""伐交"，以智取胜的重要手段。孙子高度重视用间。他说："明君贤将，能以上智为间者，必成大功。此兵之要，三军之所恃而动也。"英明的国君、贤能的将领，如果能任用智慧超群的人当间谍，就一定能成就伟大的功业。这是用兵的关键，整个军队都要依靠间谍提供的情报来部署军事行动。"此兵之要，三军之所恃而动也"，一语道出了用间掌握情报信息对三军行动的极端重要性。在孙子看来，用间攸关军事行动的成败。因此，他主张把间谍当作最亲近的人和最值得信赖的人，他说："三军之事，莫亲于间，赏莫厚于间，事莫密于间。"在军队中，没有什么人比间谍更亲近，没有什么人比间谍得到的赏赐更优厚，没有什么事情比间谍更机密。这是对用间重要性的总结和高度概括。(《用间篇》)

用间为什么重要呢？孙子主要从两个方面展开论述。一方面，用间是"先知""知彼"的重要手段。纵观《孙子兵法》，孙子的用间思想基本上是围绕着"知彼知己，百战不殆"而展开的。孙子认为，要做到"知彼"，就要"无所不用间也"。他把用间看作"知彼""知变""先知"的前提。他说："明君贤将，所以动而胜人，成功出于众者，先知也。先知者，不可取于鬼神，不可象于事，不可验于度，必取于人，知敌之情者也。"（《用间篇》）英明的君主、贤能的将帅，之所以一出兵就能克敌制胜，取得超出常人的成功，就在于他们预先侦知察明了敌情。而要事先探明敌情，不可用求神占卜的迷信手段获取，不可用与其他事物作类比的方法取得，也不可以用推验日月星辰运行位置的方法获取，一定要取之于人，取之于了解敌情的人。这里的"知敌之情者"，就是《孙子兵法》紧接着系统论述的"间"，即我们今天所说的"间谍"。

另一方面，用间代价小收效大。孙子认识到，战争的消极后果是十分明显的："凡兴师十万，出征千里，百姓之费，公家之奉，日费千金；内外骚动，怠于道路，不得操事者，七十万家。"（《用间篇》）凡是出兵十万，千里征战，百姓的花费，国家的开支，每天都要耗费千金；举国上下动荡混乱，一路上疲于运送物资，无法从事正常农耕生产的民众达七十万家。可见，战争会造成国家混乱，会打断正常的生产秩序，耗

（明）仇英绘《清明上河图》（局部）

北宋城防机构门口立着标牌，上书"固守城池""盘诘奸细""左进右出"等醒目大字，一旁还有弹药和长兵器狼筅，反映守城官员在反奸防谍方面责任重大。

费巨大的国家资源。而与巨大的战争耗费相比，用间实在是代价小而收效多的锐利武器，必须充分运用。反之，如果因为爱惜爵禄不使用间谍，盲目行动导致战争失败，那才是十足的罪人。孙子在《用间篇》说："相守数年，以争一日之胜，而爱爵禄百金，不知敌之情者，不仁之至也，非人之将也，非主之佐也，非胜之主也。"战争双方相持对峙数年，目的是为了争得最终的胜利。如果因吝惜爵位、俸禄和金钱，而不愿重用间谍，以致最后因不了解敌情而吃了败仗，那是极其"不仁"的。这样的将领不是军队的好将领，不是国君的好帮手，更不可能是胜利的主宰者。

孙子对用间重要性的认识，为历代兵家所认同、尊奉。梅尧臣曰："主不妄动，动必胜人；将不苟功，功必出众。所以者何？也在预知敌情也。"《投笔肤谈》中说："欲攻欲守，非知敌情不可。欲知敌情，非谍间何以得之。"《百战奇法》中说："凡欲征战，先用间谍，觇敌之众寡、虚实、动静，然后兴师，则大功可立，战无不胜。"刘伯承元帅说："侦察是战斗中最重要的一部分。如果没有侦察，或侦察不详，就像狗戴沙锅乱碰一阵。"毛泽东强调："指挥员的正确的部署来源于正确的决心，正确的决心来源于正确的判断，正确的判断来源于周到的和必要的侦察，和对于各种侦察材料的联贯起来的思索。"上述种种论述，都把用间侦知敌情看作决定战争胜负的先决条件，都是对《孙子兵法》用间重要性的运用和发展。综上可见，孙子对战争中用间的重要性有着清醒而明确的认识。

其次，系统阐述了间谍的种类和作用。

间谍是用间的载体和关键。那么间谍有哪些种类呢？孙子在《用间篇》把间谍分为五种类型，即因间、内间、反间、死间和生间。

第一种间谍是因间。"因间者，因其乡人而用之"，就是利用敌国的乡野之人（当地普通人）充当间谍。"因敌之乡国之人，知敌之表里虚实。"如第一次世界大战期间，德军就曾利用当地农妇搜集和传递情报，使英法联军屡遭失败。现代国际贸易中，一般与国外客商打交道，均使用公司、企业驻国外代理或熟知外国情况的人作为渠道代理商，就是"因间"思想在商业贸易中的运用。

第二种间谍是内间。"内间者，因其官人而用之"，就是收买敌国的官吏充当间谍。对此，唐代诗人杜牧注解说："敌之官人，有贤而失职者，有过而被刑者，亦有宠嬖而贪财者，有屈在下位者，有不得任使者，有欲因败丧以求展己之材能者，有翻覆变诈、常持两端之心者，凡此之官，皆可潜通问遗、厚贶金帛而结之，因求其国中之情，察其谋我之事，复间其君臣，使不和同也。"而同时代的政治家杜佑认为："因在其官失职者，若刑戮之子孙与受罚之家也。因其有隙，就而用之。"就是说，在敌国的官员中，有贤达却失去官职的，有犯罪而受过刑罚和株连其家族的，这些官吏因其与当权者"有隙"，都是可以秘密地用丰厚的钱财去拉拢之作为内间的。(《十一家注孙子校理》)

第三种间谍是反间。"反间者，因其敌间而用之"，就是收买、诱使敌方派来的间谍，使之为我所用。唐代杜牧对此是这样解释的："敌有间来窥我，我必先知之，或厚赂诱之，反为我用；或佯为不觉，示以伪情而纵之，则敌人之间，反为我用也。"这就清楚地告诉我们，使用反间有两种方法：一种是用优厚的待遇收买敌方的间谍，让他为我服务；另一种是对敌间假装没有发觉而故意把假情报透露给他，这样敌人派来的间谍就反为我所用了。

反间当与《三十六计》中第三十三计"反间计"同义。这是一种"以其人之道，还治其人之身"的计谋。敌人派间谍来刺探情报，给我方设下疑阵，我方则用敌人设下的疑阵反过来再迷惑敌人，这就是用敌人自己的人来迷惑敌人，借敌人自己的手来打敌人的嘴巴。反间计被广泛地应用在古今中外的战争中，并屡创奇迹。如《三国演义》中"群英会蒋干中计"；赤壁大战前夕，周瑜巧用计谋除掉曹营中精通水战的蔡瑁、张允，就是很有名的例子。

第四种间谍是死间。"死间者，为诳事于外，令吾间知之，而传于敌间也。"死间，就是故意散布虚假情报，让己方间谍知道并将假情报传给敌方间谍，使之上当，事后难免一死的间谍。这种情况下，一旦事情败露，我方间谍往往会被处死。死间也分两种：一种是本人不知，充当了传递假情报的牺牲品；另一种是自觉自愿，置生死于度外的死间，或是某种信仰的殉难者，或是以死相报或者另有所图。

死间是一种极特殊的间谍，从一开始就知道自己为了完成任务，必然会死。他正是以自己的生命为代价骗取敌方的信任，辅助用计成功。比如，战国纵横家苏秦死间亡齐的计划。《史记》记载，苏秦是鬼谷子的弟子，学纵横之术，最终见用于燕国。他作为燕国的间谍，出仕齐国，获得齐王的信任，进而左右齐国的外交政策，膨胀其四处攻伐的野心，以此来灭亡齐国。公元前284年，当乐毅率五国联军伐齐的号角吹响时，苏秦完成使命，身份暴露，被齐国车裂于市。

孙子眼中的第五种间谍是生间。"生间者，反报也。""反"

通"返"。生间,就是选择己之有贤才智能者,派往敌方侦知敌情后,能够活着回来报告敌情的间谍。这个很简单,不用多说。

再次,系统阐述了用间的方法论和条件。

孙子认为,用间方法论总的原则是:"反间"为主,"五间俱起"。孙子认为,反间(也就是我们今天说的双重间谍或双料间谍)是最重要的间谍。他在《用间篇》写道:"必索敌人之间来间我者,因而利之,导而舍之,故反间可得而用也。因是而知之,故乡间、内间可得而使也;因是而知之,故死间为诳事,可使告敌;因是而知之,故生间可使如期。五间之事,主必知之。知之必在于反间,故反间不可不厚也。"必须挖出敌方派来刺探我方军情的间谍,如果发现找到了,不要监禁或处死,而是乘机威胁利诱对其收买利用,加以诱导后放他回去。这样反间就能为我所用了。从反间那里获悉敌人的情报后,乡间、内间就可以有效使用了。从反间那里获悉敌人的情报后,就可以散布虚假情报,通过死间传给敌人了。从反间那里获悉敌人的情报后,生间就可以按期返回报告敌情了。五种间谍使用的奥妙,国君必须懂得,而其中的关键在于如何使用反间。所以,对反间必须给予优厚的待遇。这就明确提出了"反间"

为主，"五间俱起"的综合用间方法论。

以"反间"为主，带动其他四"间"，就可以纲举目张。"五间俱起"，足以把对手搞得晕头转向，防不胜防。所以孙子说："五间俱起，莫知其道，是谓神纪，人君之宝也。"(《用间篇》)五种间谍同时综合运用，让敌人无从捉摸、无法找到应付我方的有效方法，这就是使用间谍的神秘莫测的方法，是国君克敌制胜的法宝。

"反间"为主，"五间俱起"的用间方法论，富有深刻的哲理性。如同战场变幻莫测，指挥需要灵活主动一样，用间也要善于运用多种手段，应变无穷，真真假假，虚虚实实。既突出重点，又灵活制宜，这种"因情用兵"的思维方法，表明孙子真正掌握了神妙的用间之道。

明确了用间的方法论原则后，接下来看看《孙子兵法》阐述的用间条件。

第一，用间对人的素质要求高。什么样的人可以使用间谍呢？在孙子看来，掌管和使用间谍的人，必须有超人的智慧、仁义的胸怀和善于分析的头脑。他说："非圣智不能用间，非仁义不能使间，非微妙不能得间之实。"意即，不是睿智超群的人不能使用间谍，不是仁慈慷慨的人不能指使间谍，不是谋虑精细、手段巧妙的人不能得到间谍的真实情报。这就告诉我们，用间之人当是圣智、仁义、谋虑精细的人，即明君贤将。什么样的人可以充当间谍呢？孙子认为，最理想、最重要的应"以上智为间"，所谓"上智"之人，即智慧超群、最有智能谋略的人。而称得上"上智"的人，当是伊尹和吕牙（姜子牙）那种洞悉国家政治、军事战略情报而又睿智聪明的人。

第二，用间不能惜金。孙子指出，要厚待间谍，对间谍感情上要特别亲近，"三军之事，莫亲于间"；在奖励上要特别优厚，"赏莫厚于间"，使用"爵禄百金"是必要的，也是值得的，否则就是"不仁之至"。孙子重视情报工作，指出舍得爵禄百金以求情报人员，实在是很有远见。如果战场上不知敌情，便会遭受失败。1942 年 8 月，太平洋战争的又一个转折点——瓜达尔卡纳尔岛争夺战打响。日军指挥官百武中将错判战场形势，估计岛上的美军不过 2 000 人，于是派遣一木清直带领 2 400 余人作为先头部队攻打该岛。一木清

直不等后续部队到达，就率领第一梯队900余人冲向阵地。结果遭到了美军的猛烈扫射，日军顷刻间尸横遍野。日军战前不掌握敌情，战中轻敌冒进，导致几近全被歼灭。这就是"不仁之至"。事实上，驻守该岛的美军有一万余人，且其战斗力顽强、意志坚定。

　　第三，用间必须保密。"间事未发而先闻者，间与所告者皆死。"间谍的方案还未实施，就被泄露出去了，那么间谍和了解内情的人都要处死。

9. 占据主动：致人而不致于人

发挥主观能动性，争取战争主动权，是军队作战的命门。孙子在《虚实篇》明确提出了"致人而不致于人"的重要论断，深刻阐明了调动敌人而不被敌人调动，夺取战争主动权这一带有普遍意义的作战指导规律。"致人而不致于人"是《孙子兵法》中一个极为重要的命题，可以说是用兵的最高法则。对其重要性，唐代著名军事家卫国公李靖在《唐太宗李卫公问对》卷中予以了高度评价，他说："（《孙子兵法》）千章万句，不出乎'致人而不致于人'而已。"

掌握战争的主动权，是中国历代兵家高度重视的作战理念。在中国军事史上，继孙子第一个提出"善战者，致人而不致于人"的论断后，《鬼谷子》在《谋篇》中强调"事贵制人而不贵见制于人"，《尉缭子》也提出了"夺人而不夺于人"的命题等，都反映了对战争主动权的重视。

孙子所谓"致人而不致于人"，指的是通过对"虚""实"关系、"利""害"关系的认识和把握来灵活用兵，因敌施计，夺取战争主动权。"致人"，是指调动敌人，掌握主动权，除此之外，还包括致敌劳、致敌乱、致敌虚、致敌误、致敌无备、致敌现形等广泛内容。"致于人"，指被敌人牵制调动，陷于被动地位。可见，"致人而不致于人"的核心，是时刻牢牢把握战争的主动权。仔细品味这一思想，它至少包含有三层意思：一是要处于能够左右战争全局或局部的有利地位，这是前提；二是具有决定自身行动的选择自由，这是关键；三是能够在较大程度上调动和支配敌军的行动，这是目的。

怎样才算掌握了战争的主动权呢？孙子说："我欲战，敌虽高垒深沟，不得不与我战者，攻其所必救也。"（《虚实篇》）我若求战，敌人即使有深沟高垒，也不得不与我交战，是由于进攻了敌人必定要救援的地方。"我不欲战，画地而守之，敌不得与我战者，乖其所之也。"（《虚实篇》）我不想作战，即使在地上画出一条界线作为防守，敌人也无法与我交战，是因为我设法调动敌人，将敌人引向了其他地方。也就是说，跟敌人打还是不打，战还是和，主动权在我，完全由我说了算。

那么，如何才能调动敌人、把握战争的主动权呢？

（明）周鼎绘《左良玉出师图》（局部）

拥有强大的军事实力，才能牢牢掌握战争主动权。如图所见，军阵井然有序，士卒训练有素，旌旗飘扬，显现出不凡的实力。明代末年，朝廷布置了几路大军来阻挡李自成、张献忠农民军，其中左良玉部多次获胜。

　　孙子认为，把握战争主动权，最基本的手段是"示形""动敌"。"示形"，就是伪装和欺骗，就是示己之伪形于敌人，借以迷惑误导敌人，同时隐己之真形，以达到使敌人现"形"而"我无形"的目的。"动敌"，就是运用谋略，实施机动，调动敌人。"示形"是"动敌"的前提和基础；"动敌"是"示形"的结果。其要旨在于，在示形动敌的过程中寻找、发现，乃至创造敌人的过失和弱点，然后利用这些弱点乘机进攻，掌握战争的主动权，形成有利于己的优势地位。所以孙子云："善动敌者，形之，敌必从之；予之，敌必取之。以利动之，以卒待之。"（《兵势篇》）善于调动敌人的将帅，常常制造假象迷惑欺骗敌人，敌人必定信从而动；给敌人一点小利，敌人必定接受进而暴露出自己的薄弱环节。以小利引诱调动敌人，以伏兵伺机歼灭敌人。为此，孙子还提出了"利之""害之""作之""形之""角之""攻其所必救"等系列具体的、行之有效的动敌方法。孙子曰："能使敌人自至者，利之也；能使敌人不得至者，害人也。"（《虚实篇》）

　　历史上有不少示形动敌、把握战争主动权的经典战例。比如，战国中期的马陵之战就是一例。此战中，孙膑创造性地运用和发展孙子"避实击虚""攻其所必救""致人而不致于人""示形动敌"的作战指导思想，采取"围魏救赵""批亢捣虚""减灶诱敌"等高明战术，击败了实力强大的魏国军队。这对于结束魏国在中原地区的霸权，具有决定性的意义，对战国整个战略格局的变化，产生了深远的影响。

此外，孙子还强调，为了调动敌人，需要增强自身实力，造成敌我力量对比上"以镒称铢"的绝对优势；需要发挥将帅的主观能动性，"择人而任势"；需要奇正结合，避实击虚，做到"善攻者，敌不知其所守；善守者，敌不知其所攻"；需要先敌一步，以逸待劳，"凡先处战地而待敌者佚，后处战地而趋战者劳"；等等。

综上可见，如果说发动战争或制止战争是一种选择，那么掌握主动权、克敌制胜，则是《孙子兵法》的精要。

在中国现代史上，毛泽东应该说深得《孙子兵法》之争取战争主动权思想的精髓。在长期的革命战争实践中，他不仅在理论层面对其进行了发展，而且在实践层面对它的运用也达到了出神入化的境界。

在理论层面，毛泽东提出了两个重要观点。第一个观点是，造成错觉和不意，是把握战争主动权的重要方法。毛泽东在《论持久战》中指出："错觉和不意，可以丧失优势和主动。因而有计划地造成敌人的错觉，给以不意的攻击，是造成优势和夺取主动的方法，而且是重要的方法。错觉是什么呢？'八公山上，草木皆兵'，是错觉之一例。'声东击西'，是造成敌人错觉之一法。在优越的民众条件具备，足以封锁消息时，采用各种欺骗敌人的方法，常能有效地陷敌于判断错误和行动错误的苦境，因而丧失其优势和主动。'兵不厌诈'，就是指的这件事情。"第二个观点是，主动权就是军队行动的自由权。毛泽东在《抗日游击战争的战略问题》中指出："一切战争的敌我双方，都力争在战场、战地、战区以至整个战争中的主动权，这种主动权即是军队的自由权。军队失掉了主动权，被逼处于被动地位，这个军队就不自由，就有被消灭或被打败的危险。"为此，毛泽东提出了三条争取战争主动权的要则：一是要"独立自主地组织和使用自己的力量"；二是要依靠主观指导的正确；三是要实行"先打弱的，后打强的"，"你打你的，我打我的"。这最后一条道出了处于劣势的军队打败优势军队的命门——以我为主，把握战争的主动权！

在实践层面，对主动权的掌握和运用可以说贯穿了毛泽东一生的军事生涯。红军弱小时期，面对强敌的步步紧逼，他往往选择主动撤退，让出地盘，而又每每在占据有利地形的情况下设下埋伏，实施反击。红军前四次反"围剿"，就经常利用穿插迂回，让敌人摸不到红军的踪影，将敌人肥的拖瘦、瘦的拖死，而红军根据敌人的变化情况相应调整部署，在战地做好充分的准备，时不时给敌人以意外的打击。四渡赤水中，毛泽东指挥红军忽南忽北，声东击西，把蒋介石的追兵调得团团转，搞得敌人迷迷糊糊，拖得敌人精疲力尽。中央红军在巧渡金沙江后，成功甩掉了蒋介石的几十万追兵，跳出了重重包围圈。还有陕北转战等。这些都是毛泽东运用"致人而不致于人"理念，指挥红军调动敌人、牢牢掌握战争主动权的杰作。

五 思想内核

《孙子兵法》不仅有着丰富而深刻的思想内涵，而且有着鲜明而独特的思想特色。其思想特色概括起来就是四个字：利、知、奇、将。简言之，就是四句话：以利为核心、以知为前提、以将为根本、以奇为优势。四点特色之间的关系，构成了《孙子兵法》战略思想的基本结构：

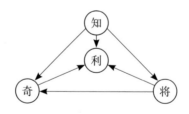

1. 功利：利为核心

《孙子兵法》作为一部指导战争获胜的兵书，"利"是其建构兵学理论的基本立足点，因而它也是一部言利之书，从《始计篇》说庙算，到《作战篇》谈厉兵秣马，再到《谋攻篇》论胜敌高招，以及后面各篇论战略战术，都是围绕"利"而展开，"利"犹如一根红线贯穿整部兵书。它不仅言利，而且追求全胜、全利，讲不战而屈人之兵，讲以最小损耗获取最大战争效益，体现的是一种追求效率、效益的功利主义战争观。

"兵以利动"是孙子兵学思想的根本宗旨。他说："合于利而动，不合于利而止。"（《火攻篇》）用兵打仗符合国家利益就行动，不符合国家利益就停止。又说："非利不动，非得不用，非危不战。"（《火攻篇》）他强调，没有利益可图就不要行动，没有把握取胜就不要随意用兵，不到危急关头就不要轻易开战。《孙子兵法》论述战争，把利益作为思考问题的基本出发点，强调国家利益至上，以利益大小作为行动准则，主张以"唯人是保，而利合于主"为评价战争得失的标准。兵以利动的用兵准则，既是对西周以来仁义礼让之兵的否定，体现的是孙子对春秋末期以来战争规律的独到把握，也是对将帅怒而兴师等情绪化用兵的否定，反映的是孙子对那种缺乏政治目的和战略目标而轻启战端行为的坚决反对。

"以利动敌"是孙子兵学思想的重要原则。他说:"能使敌人自至者,利之也。"意即能使敌人按照我方意愿自动到达战区,自投罗网,乃是敌人受到了利益的诱惑。又说:"屈诸侯者以害,役诸侯者以业,趋诸侯者以利。"(《九变篇》)能使诸侯屈服的是用诸侯最害怕的事情去伤害它,能役使诸侯为我所用的是用危险的事情去困扰它,能驱使诸侯被动奔走的是用小利去诱惑它。所以,孙子把"利而诱之"作为"诡道十二法"之一,把"诱之以利"作为后发先至、实施"迂直之计"、掌握战争主动权的重要手段,所谓"迂其途,而诱之以利,后人发,先人至,此知迂直之计者也"(《军争篇》)。

"化害为利"是孙子兵学思想的辩证思维。任何事物都有利、害两面,战争亦是如此。他说:"军争为利,军争为危。"(《军争篇》)因而,在战略决策时要"悬权而动""因利而制权",也就是要反复运筹、权衡利弊,根据利害关系采取灵活机动的应变策略;在作战指挥上要"杂于利害",知用兵之害和用兵之利,并善于"以患为利",也就是要深刻认识到利与害等因素对战争走向的影响,及化害为利的可能性,因为"杂于利,而务可信也;杂于害,而患可解也"(《九变篇》),而

"不尽知用兵之害者，则不能尽知用兵之利也"（《作战篇》）。

可见，孙子行兵，既以利为目的和动力，又以利为手段和方式，同时重视利、害之间的转换，强调化害为利。他认为，这才是真正的"安国全军之道"。可见，《孙子兵法》是一种功利型战争思想。中国人民大学教授黄朴民认为，《孙子兵法》主张从事战争当以利害关系为最高标准，实际上反映了孙子的战争宗旨，是其新兴阶级功利主义立场在军事斗争原则上的具体体现。当然，这个"功利"是着眼于国家层面讲的，于国家有功，于国家有利，是国家长远之利、全局之利。不过，应当看到的是，《孙子兵法》时时处处都在讲利，似乎让人感觉是利益至上主义者，但又不完全是。因为他在讲利的同时，也强调要爱护士卒、善待俘虏，讲死者不可以复生，讲的是道义，体现了对生命的珍视。

2. 人本：将为根本

古人云：千军易得，一将难求。刘邦拜韩信为将，出汉中灭楚国，一统天下。刘备三顾茅庐得孔明辅佐，夹缝求生，独霸一方。而毛泽东得周恩来等的衷心拥戴与支持也说明了这一道理。确实，兵熊熊一个，将熊熊一窝。将帅若无能，三军必累死。对此，孙子有着清醒的认识，他高度重视将帅的作用，认为将帅能够影响国家存亡和百姓生死。孙子说："知兵之将，生民之司命，国家安危之主也。"（《作战篇》）懂得用兵的将领，是民众命运的掌控者，是国家安危的主宰者。又说："夫将者，国之辅也。辅周则国必强，辅隙则国必弱。"（《谋攻篇》）将领是国家之辅助，辅助周密，尽职尽责，国家就会强盛，辅助有缺陷，国家就会衰弱。当然，以今天的眼光看，这里的"将"当为广义，不但要以能统兵打仗为天职，而且更需洞明外交大势，以辅其国。

孙子对将帅重要性的认识和定位，在他所处那个时代看来，无疑是积极合理的。的确，将帅德行操守的优劣、韬略智慧的长短、指挥艺术的高下，对军队的安危、战争的胜负有着十分关键的作用。

那么，一个优秀的将帅应该具备什么样的才能、素养和品质呢？在孙子看来，一个优秀将领应该具备杰出的军事才能、

（隋）董展绘《三顾草庐图》

良好的思想素质和完善的心理品格。

首先，要有杰出的军事才能，体现在以下六个方面：

第一，对于关系全局的"五事"——道、天、地、将、法必须有深刻的了解，"凡此五者，将莫不闻"（《始计篇》）。

第二，对于复杂、易变、矛盾的战场情况要能临机灵活处置——"将通于九变之地利者，知用兵矣。"（《九变篇》）为将者当以知九变之利、识九变之术为要。

第三，对于整个作战过程要善于分析判断，考虑利害得失——"是故智者之虑，必杂于利害。杂于利，而务可信也；杂于害，而患可解也。"（《九变篇》）考虑问题要全面，不可偏废。

第四，对于排兵布阵、作战指挥要懂得"地之道"和"败之道"——孙子说，地形有通、挂、支、隘、险、远六种，军队失败的情况有走、弛、陷、崩、乱、北六种。懂得不同地形的用兵原则，掌握导致军队失败的六大原因，是"将之至任，不可不察也"（《地形篇》），这是将帅的重大责任，不能不认真研究。

第五，要有丰富的作战经验、良好的应变能力——"故知兵者，动而不迷，举而不穷。"（《地形篇》）真正懂得用兵的将帅，行动起来，目的清晰明确而不迷误，采取的作战措施变化无穷而不呆板。

第六，要善于周密地计算敌我兵力的对比——"知吾卒之可以击，而不知敌之不可击，胜之半也；知敌之可击，而不知吾卒之不可以击，胜之半也；知敌之可击，知吾卒之可以击，而不知地形之不可以战，胜之半也。"（《地形篇》）孙子说，料敌于先，方为良将。只了解我军可以出击，却不了解敌军不可以攻击，获胜的概率只有一半；只了解敌军可以攻击，却不了解我军不可以出击，获胜的概率也只有一半；了解敌军可以攻击，也了解我军可以出击，却不了解地形条件不适合作战，获胜的概率也是一半。

孙子说："百战百胜，非善之善者也；不战而屈人之兵，善之善者也。"（《谋攻篇》）他褒扬的是拥有非凡军事才能、以智取而非力敌的将领，毕竟战争吞噬的是人命和金钱。

其次，一个优秀的将帅要有良好的思想素质。对国家要

"进不求名，退不避罪，唯人是保，而利合于主"（《地形篇》）。也就是要进不贪求功名，退不推卸罪责，只求保全民众，而且符合国君的利益。用今天的话讲，就是不计名利，举贤尚能，敢于担当。孙子认为，这样的将帅是"国之宝也"，是国家的宝贵财富。

对士兵要"视卒如婴儿""视卒如爱子"，把士卒当作婴儿一样体贴，当成自己的儿子一样看待。这样，士卒就会"与之赴深溪""与之俱死"，跟随将帅赴汤蹈火，同生共死。

再次，一个优秀的将帅还必须具备完善的心理品格。

"将军之事，静以幽，正以治。"（《九地篇》）"静"即沉着，"幽"即深思，"正"即严正，"治"即整治。统率军队作战，要做到从容冷静、幽深莫测、公正严明、有条不紊。将军统帅应具备四种素养：静、幽、正、治。"将不可以愠而致战"（《火攻篇》），将帅不可因一时恼怒而出兵作战。

总之，孙子认为，优秀的将领在处事上要"进不求名，退不避罪，唯人是保"；在才能上要"知彼知己""知天知地""通于九变"；在管理上，要"令素行以教其民""与众相得"，使士卒"亲赴"；在修养上要"静以幽，正以治"，切不可骄横自大、轻举妄动、勇而无谋、贪生怕死。

可见，孙子对将帅的才智、品行那是相当地重视。这正是他对当时许多血的经验教训的总结。正面的例子，如齐鲁长勺之战，曹刿"一鼓作气"的作战指导，取得了打败齐军的胜利，这是指挥高明。反面的例子，如宋襄公"不鼓不成列"的战法是尽人皆知的。还有公元前597年，晋楚两军在邲（今河南郑州东）发生的一次大规模遭遇战中，晋军之所以惨败，就是由于主将荀林父指挥无能，迟疑坐困，并错误地下达渡河的命令，以致造成"舟中之指可掬"的悲剧。

3. 唯物：知为前提

毛泽东在《论持久战》一文中指出："战争不是神物，仍是世间的一种必然运动，因此，孙子的规律，'知彼知己，百战不殆'，仍是科学的真理。"战争是有规律可循的，是可以预测谋划、可以预先侦知的。在中国军事史上，孙子是第一个用简洁明快的语言揭示"知彼知己，百战不殆"战争规律的人。他在《谋攻篇》写道："知彼知己者，百战不殆；不知彼而知己，一胜一负；不知彼不知己，每战必殆。"了解对方也了解自己，每战必胜；不了解对方只了解自己，胜负概率各半；既不了解对方又不了解自己，每战必败。在《地形篇》又进一步论述道："知彼知己，胜乃不殆；知天知地，胜乃不穷。"既了解敌方，也了解自己，就能必胜不败；既了解天时，也了解地利，胜利就会无穷无尽。孙子在这里反复强调了"知"的重要性和"知"的内容，由此形成了《孙子兵法》以"知彼知己""知天知地"为核心内容的知胜思想。

就军事战略理论而言，"知"是谋略思维的起点，是一切作战决策的依据和战术行动的基础。孙子高度重视"知"的基础性作用，《孙子兵法》的知胜思想贯穿全篇，"知"字在全文出现达 79 次之多，堪称曝光频率最高的一个字。除了如上述强调"知"的重要性外，《孙子兵法》的知胜思想主要围绕"知什么"和"如何知"两个基本问题展开。

首先我们来看第一个问题：知什么。《孙子兵法》知胜思

之類
取泰

少則能逃之不若能避之　言能者謂人能忍
挑不出不似曹咎汜水之戰也此就將智勇
等我利鈍均者言之若彼奮我怠
則兵起以五百乘破泰五十萬我治彼亂彼
破符堅百萬宇文泰以一萬破高歡十萬又
非此倒論

不知軍之不可以進而謂之進不知軍之不
可以退而謂之退是謂縻軍　楚將龍且韓
信逐之遂敗是不知進又如
進泰將符融揮軍少却而敗是又不知退如
趙充國欲爲屯田漢宣必令決戰孫皓臨滅

知彼知已者百戰不殆

短是
也

識衆寡之用者勝　寡在其用而不失其宜
可與戰玄宗強命之戰遂至於敗人不可以
人不可與起破泰則以五百乘而漢多以中
官監軍爲患如

賈充尚靖班哥舒翰守潼關隴山兵唐多以
中官監軍爲惠如
可與戰玄宗強命之戰遂至於敗
失其宜如泰伐楚王剪以五百乘而非六十萬不可也
人不可吳起破泰則以五百乘而少而勝衆有以多而

不知彼而知已一勝一負

也

而正朝相承謝安桓冲皆江表偉人未易圖
也士猛臨終謂符堅
而正朝相承謝安桓冲皆江表偉人未易圖
也宜堅牉併在一隅
而符堅不聽泰兵南伐曰吾士馬百萬投鞭
王猛臨終謂符堅

"知彼知己者，百战不殆。不知彼而知己，一胜一负。"（《孙子参同》）

想中"知"的范围很宽泛，涉及战争的方方面面。

一是知彼知己。就是要充分了解和掌握交战双方的兵力部署、指挥机制及不断变化着的各种具体情况，包括庙算定谋、战法运用、临机应变、诸侯盟友等等。"知己"主要是强调将帅对自己军队部属的能力、军心、士气等，是否"得地之利""得人之用"等情况烂熟于胸。而对"知彼"，孙子明显着墨更多。他在《用间篇》写道：知彼乃"兵之要，三军之所恃而动也"，即了解敌情是兵家最重要的事情，是军队行动的依靠。因此，对于不知敌情的将领，孙子直斥其不仁之至，是"非人之将也，非主之佐也，非胜之主也"，说他不是军队的好将领，不是国君的好帮手，更不可能是胜利的主宰者。他说："凡军之所欲击，城之所欲攻，人之所欲杀，必先知其守将、左右、谒者、门者、舍人之姓名，令吾间必索知之。"凡是打算攻击某支军队，进攻某座城池，击杀某个人物，必须通过我方间谍，事先弄清楚敌方主将、主将亲信、情报传递员、把守城门的官吏及其门客幕僚等人的姓名。孙子强调，在攻击敌人之前，"必先知其守将、左右、谒者、门者、舍人之姓名"，以把握有利战机，正确制定作战方针。

二是知天知地。就是要了解和掌握除人之外，对战争有重要影响和制约作用的自然环境等方面的因素，包括天时地利、寒暑交替、自然地理、山川地貌、湖海河汉等。一句话，上通天文，下知地理。

三是知制胜之道。就是要知民心可用，知战争规律，知敌之可击，知"致人而不致于人""示形动敌""我专敌分""以众击寡""避实击虚""因敌制胜"等用兵的基本原则。

四是知战术战法。就是要知克敌制胜的方针、计划、措施、办法等。具体作战时，要以用间、策之、作之、形之、角之等手段，了解敌人的作战企图和军队部署。

此外，还要知"战地""战日"。《孙子兵法》云："知战之地，知战之日，则可千里而会战。不知战地，不知战日，则左不能救右，右不能救左，前不能救后，后不能救前，而况远者数十里、近者数里乎？"（《虚实篇》）能预先了解掌握同敌人交战的地点和时间，即使跋涉千里，也可以与敌人会战。反之，就会左右不能相救、前后不能照应，更何况在远则几十里、近则几里的范围内部署作战呢！

（清）佚名绘《靖海全图》（局部）

该图记录了清朝嘉庆年间总督张百龄奉旨平定广东海盗，以及大海盗张保仔归顺朝廷后班师回朝的盛况，是一幅反映治理海盗的长卷。局部图从右到左表现了清军追捕重洋、擒缚群凶的故事。

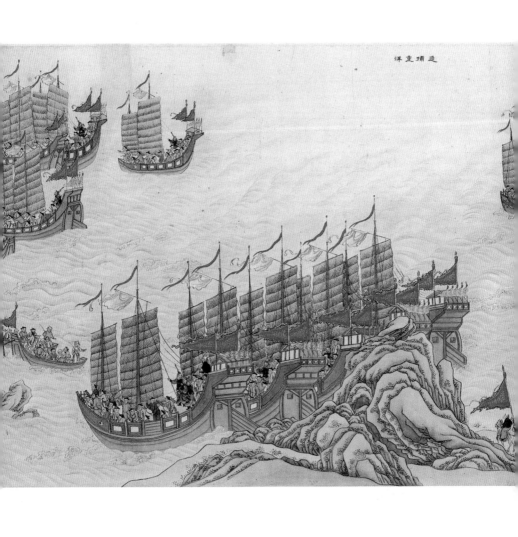
追瑚重洋

（清）佚名绘《靖海全图》（局部）

画面描绘了训练水师、虎门慑首的故事，海盗首领在虎门被迫归顺。

以上所"知"，用《孙膑兵法·八阵》中的话概括就是"上知天之道，下知地之理，内得其民之心，外知敌之情……"

接下来我们再看《孙子兵法》知胜思想的第二个问题：如何知？

孙子首先确立了"知"的原则，把"知"建立在唯物主义认识论基础之上。他说："先知者，不可取于鬼神，不可象于事，不可验于度，必取于人，知敌之情者也。"（《用间篇》）就是告诉我们，预先侦知敌情，不能靠求神占卜，不能用经验类比，不能靠察看天象，一定要取之于人，取之于了解敌情的人。人本论、唯物论的思想在这里体现得很明显。

其次，孙子明确提出了"知胜五法"："知可以战与不可以战者胜，识众寡之用者胜，上下同欲者胜，以虞待不虞者胜，将能而君不御者胜。此五者，知胜之道也。"（《谋攻篇》）预知胜利有五种方法：知道什么情况下可以打仗、什么情况下不能打仗的，胜；懂得根据敌我兵力的多少而采取不同战法的，胜；全国上下团结一心，全军上下同仇敌忾的，胜；以有充分准备的军队对付毫无准备的敌人，胜；将帅能力强，精通军事，精于权变，国君不横加干预的，胜。

"知胜五法"强调了在作战中了解敌我双方的情况、合理调配资源、上下团结一心、出奇制胜、用人不疑等五大方面的重要性，既包含了对客观军事力量进行综合分析的基本方面，也体现了对主观作战指导能力的高度强调，全面具体又深刻精邃，反映出孙子在预知战争胜负问题上的远见卓识。其中，"知可以战与不可以战"是用兵前提，"识众寡之用"是用兵关键，"上下同欲"是政治保障，"以虞待不虞"是有备无患，"将能而君不御"是将权贵一。五者互为条件，互为作用，构成了预知胜负、实现"全胜"的完整整体。

《孙子兵法》以知彼知己为核心的知胜思想，遵循的是从实际出发、实事求是的唯物主义思想方法论，它蕴含着深刻的军事哲理，至今仍是科学的真理，具有超越时空的永恒价值。毛泽东曾指出："中国古代大军事学家孙武子书上'知彼知己，百战不殆'这句话，是包括学习和使用两个阶段而说的，包括从认识客观实际中的发展规律，并按照这些规律去决定自己行动克服当前敌人而说的；我们不要看轻这句话。"

4. 智谋：奇为优势

在《孙子兵法》中，"奇"往往是与"正"联系在一起的。"奇正"既是中国古代的一个军事命题，又是一个哲学问题。"奇正"这一概念最先出自《老子》。《老子·五十七章》："以正治国，以奇用兵，以无事取天下。"意即，以正常适当的方式治理国家，以奇绝诡诈的方法用兵作战，以清静寡欲、自然无为的方法得到天下。孙子将"奇正"范畴引入军事领域，提出"奇正"理论，使之成为古代军事谋略学最为重要的范畴之一。自此以后，历代兵家无不奉为圭臬，广为沿用和阐述。

孙子在《兵势篇》对"奇正"思想作了系统而科学的阐发。他说："凡战者，以正合，以奇胜。故善出奇者，无穷如天地，不竭如江河。……战势不过奇正，奇正之变，不可胜穷也。奇正相生，如循环之无端，孰能穷之。"意思是，大凡作战，都是以正兵与敌交战，以奇兵制胜。善于运用奇兵的人，其战法的变化就像天地运行一样无穷无尽，像江河奔流一样永不枯竭。……战争中军事实力的运用不过奇、正两种，而奇、正的组合变化，如循环之无端，谁也无法穷尽。在这里，第一句"凡战者，以正合，以奇胜"，讲的是兵力的部署和使用；紧随其后的论述，是讲战术的变换，深刻揭示了军事斗争方式方法的丰富无穷。孙子认为，理解和掌握了"奇正"战法的奥妙，真正做到在战术安排上正面交锋与侧翼攻击相结合，兵力使用上正兵当敌与奇兵制胜相互补，作战指挥上"常法"与"变法"交替使用得当，那么，"三军之众，可使必受敌而无败者，奇正是也"（《兵势篇》）。统帅三军作战，即使整个部队遭遇敌人攻击也不会失败，是因为奇正战术运用得精妙。

奇正的含义非常广泛，一般以常法为正、变法为奇，它包括正确使用兵力和灵活变换战术两个方面。具体而言，在兵力部署上，担任守备、钳制的为正兵；机动、突击的为奇兵。在作战方式上，正面攻、明攻为正；迂回、侧击、暗袭为奇。在作战指挥上，按一般原则作战为正，采取特殊战法为奇。在战略上，堂堂正正进军为正，突然袭击为奇。刘伯承元帅说："什么是正兵呢？大体上讲：按照通常的战术原则，以正规的作战方法进行战斗的，都可以叫做正兵。根据战场情况，运用计谋，攻其无备，出其不意，打敌于措手不及，不是采取正规作战方法，而是采取奇妙的办法作战的，都可以称为奇兵。"（陶汉章《孙子兵法概论》）概言之，奇就是使用意想不到、出奇制胜的战术，破坏敌人的防御能力，令对手措手不及，如伏击、奇袭等战术；正就是使用常规、稳定的战术，保持士气稳定，避免不必要的损失；奇正结合，就是在奇与正之间灵活转换，根据实际情况作出决策。

孙子对"奇正"思想的创造性继承和发挥，表现为三个方面：一是将"奇"与"正"引入战争领域，创"奇正"之术作为普遍存在的克敌制胜手段；二是指出"凡战者"必须"以正合，以奇胜"，"奇"与"正"具有相辅相成、相互依存、对立统一的特点；三是指出奇、正是相互转化的，"奇正之变不可胜穷"，"奇正相生，如循环之无端"，"善出奇者"可以达到"无穷如天地，不竭如江河"的境界。

何延锡对此注解道："大抵用兵皆有奇正，无奇正而胜者，幸胜也，浪战也。"（《十一家注孙子校理》）所以，在战争史上，以"奇正"之术克敌制胜的事例不胜枚举，大者如李牧大败匈奴、刘邦袭取三秦、韩信灭魏破赵、虞诩增灶惑敌、曹操奇袭乌巢、孙刘火烧赤壁、邓艾偷渡阴平、马隆巧用战车、檀道济唱筹量沙、贺若弼瞒天过海等，自不必说，就是在战术上，也是莫不如此。

在中国现代史上，毛泽东指挥打仗最大的特点就是善出奇兵，出其不意，打得敌人不知所措。比如，解放战争时期的三大战役，一开始国共两军的力量对比，国民党军队明显占上风，共产党军队处于劣势，就在这种情况下，毛泽东展开了战略进攻。当蒋介石还在犹豫，是把东北的军队撤入关内，还是继续增兵东北的时候，东北解放军已经悄无声息地完成了对长春、沈阳的包围，使东北的国民党军队陷入孤立。毛泽东瞅准时机，下定决心，从锦州开始打，把东北的大门关死，这是蒋介石没有预料到的。辽沈战役之后，接着就要收拾华北的国民党军队。蒋介石估计东北解放军不会很快入关，结果我们悄悄地很快就入了关。驻守华北的傅作义估计共产党军队可能是从东边打起，我们恰恰是从西边打起。这些都在他们的意料之外。淮海战役也是这样。蒋介石以为解放军可能从西边打起，我们恰恰从东边打起。由此我们想起《长征组歌》里面有一句歌词说"毛主席用兵真如神"，神就神在他善出奇兵，攻敌不备，真正参透了《孙子兵法》奇正思想的奥妙。

六 国际传播

　　《孙子兵法》作为优秀文化遗产，产生于神州沃土，但它的影响早已超越国界，超越时代。因此，它不仅属于中国，而且还属于世界、属于全人类，是世界文化宝库中的瑰宝，是人类文明的宝贵精神财富。在国外，《孙子兵法》被视作奇书、伟书，同样享有巨大的声誉和持久的魅力。据不完全统计，目前《孙子兵法》在世界上被译成的外文，有日、法、俄、英、德、朝、意、越和希伯来等至少29种文字，数百个版本，仅英文译本就有17种之多，出版的研究专著上万部，地域涵盖世界各大洲，《孙子兵法》的国际传播可谓洪流滚滚。

1. 东入日本

　　《孙子兵法》走出国门的第一站是日本，日本也就成了《孙子

吉备真备像

兵法》在海外传播的第一个国家。早在公元 8 世纪唐玄宗时，《孙子兵法》就已传入日本。据史书记载，唐朝中叶日本奈良王朝的遣唐副使吉备真备是把《孙子兵法》携归日本的"第一人"。公元 717 年，吉备真备以留学生身份来到唐都长安，开始接触《孙子兵法》《吴子兵法》，19 年后学成回国，将孙、吴兵法带回日本。这是《孙子兵法》最早走出国门。公元 751 年，吉备真备以遣唐副使的身份再度赴唐深造，回国后亲自向日本学生讲授《孙子兵法》，并于公元 764 年灵活运用孙子的思想在平息惠美押胜的反叛中大获全胜，开了日本军事史上成功运用《孙子兵法》的先河。[南兵军主编《孙子千问》(综合篇)]

德川幕府时期，孙子学几乎成为日本的显学，彼时日本研究《孙子兵法》的机构就有 50 多家。此后各个历史时期都有大量研究成果，到第二次世界大战前，日本出版有关《孙子兵法》的专著多达百余种。进入信息时代后，孙子情报学已成为许多大学竞相开设，并投入大量人力、财力研究的一门显学。日本的孙子研究一浪高过一浪，影响了一代又一代的日本人。根据记者韩胜宝对《日本新华侨报》总编辑蒋丰的采访，在日本，《孙子兵法》几乎是尽人皆知，其受欢迎程度甚至超出了我们的想象；走进日本最大的图书连锁店，有关《孙子兵法》的书籍林林总总，各类注释应用的日文版《孙子兵法》有280多种，相关书籍400多种，参引论述书籍数不胜数；孙子的许多名言都成了日本人的口头禅，其影响面也由军事扩大到政治、经济、文化、生活等各个领域，尤其是《孙子兵法》在日本商界的影响特别深刻、应用非常成功，引起世人瞩目。日本有不少的大公司、大企业，认为商场竞争千变万化，若不具备战略、战术思想，很难立足社会，所以规定下属管理人员必须读谋略教科书《孙子兵法》，读实践《孙子兵法》的典型例证《三国演义》。

2. 西传法国

大约 1 000 年后，《孙子兵法》西传进入法国。1772 年，法国传教士约瑟夫·阿米欧（中文名：钱德明）率先在巴黎迪多出版社出版《孙子兵法》法译本。这是第一个西方文字的《孙子兵法》文本，开创了西译《孙子兵法》的先河，开启了《孙子兵法》在西方传播的历程，西方人第一次"发现"了中国古代震撼人心的兵法智慧。此外，在西方还传说拿破仑读过《孙子兵法》十三篇，其被认为是拿破仑获得成功的关键与秘密武器。

如今，在法国军界、商界、学术界，包括普通民众，《孙子兵法》依然很受读者青睐，巴黎文化街各大书店均有法文版《孙子兵法》销售，而且售价比厚厚的法汉对照词典这样的工具书要贵得多。

3. 五洲绽放

除日本、法国之外，《孙子兵法》在全球五大洲都有庞大的学习、研究和应用群体，各种自筹经费、自发成立的研究机构遍布世界各国，各类以民间组织为主开展的孙子文化传播活动广泛存在。据香港国际孙子研究学院院长庐明德教授统计，全球约有 25 亿人直接或间接在学习《孙子兵法》。《孙子兵法》在全球的传播呈现出四海称颂、五洲争鸣、竞相应用的繁荣景象。

在美国，有关《孙子兵法》的书籍已进入千家万户，研究《孙子兵法》的民间学会、协会或俱乐部有近百家，《孙子兵法》在美国的销售曾一度创下一个月 1.6 万本的销量。与日、法等国相比，美国人对《孙子兵法》的接触比较晚，大约始于 20 世纪 20 年代。然而，第二次世界大战后美国对《孙子兵法》的运用却称得上高招迭出。有人评价，就外国而言，日本对《孙子兵法》的评价最高，美国将《孙子兵法》运用得最好。

根据记者韩胜宝的调查采访，在韩国，《孙子兵法》已进入寻常百姓家，孙子的书籍不是畅销书，而是长销书。在英国，1905 年在日本学习语言的英国皇家野战炮兵上尉卡托普首次把《孙子兵法》译成英文，1910 年英国著名汉学家贾尔斯根据孙星衍所校《孙子十家注》翻译的英译本《孙子兵法：世界上最古老的军事著作》，由伦敦卢扎克公司出版，影响至今，牛津大学出版社、企鹅出版社都多次出版《孙子兵法》，就欧洲来说，英国对《孙子兵法》翻译出版最多、研究最深，传播影响也最大。在德国，《孙子兵法》的第一个德文版于 1910 年在柏林出版，该书由布鲁诺·纳瓦拉翻译，书名为《战争之书：中国古代军事学家》，此后，科隆大学汉学家吕福克翻译的德语版《孙子兵法》再版多次，发行数万册。在荷兰，7 000 册荷兰文《孙子兵法》在不到三个月的时间就售罄了。在俄罗斯，从总统到普通公民都认同孙子，俄罗斯版的《孙子兵法》简装本销售一空。在澳大利亚，书店、机场其他书籍有缺，唯独不缺《孙子兵法》。在北美的墨西哥、南美的巴西，《孙子兵法》的销量逐年上升。在非洲，翻阅的黑人读者不乏其人，非洲学者称喜欢孙子不分种族肤色。在东南亚，越南、缅甸、泰国、马来西亚等国家均有一定数量的研究著作问世。显然，孙子学已成为一门国际显学。对此，走遍 77 个国家、足迹遍及五大洲的记者韩胜宝很有感触，他说："如果要问中华文化中，有哪一门'国学'是'国际显学'？答案只有一个：《孙子兵法》。"

全球民众为何如此"宠爱"《孙子兵法》？

美国学者詹姆斯·克拉维尔的观点很有代表性。他在《孙子兵法》的英、德、西班牙文普及本出版序言中指出，《孙子兵法》之所以能打动他，原因有三：其一，这本非凡的著作在2 500年前阐述的许多真理，今天依然可用。其二，《孙子兵法》极其清楚地揭示了夺取主动权与克敌制胜的法则。其三，《孙子兵法》中包括的真理，同样指明了在军事之外的各个领域内对付冲突与斗争的取胜之道。[南兵军主编《孙子千问》（综合篇）]

《孙子兵法》在国外的影响，已远不仅仅是一部军事著作，更是古老中国智慧的象征。到今天，它已超越国界，成了全世界人民的共同财富。正如美国著名的兰德公司的学者波拉克所说：孙子和孔子一样有永恒的智慧，这种智慧属于全世界，没有哪个国家能够垄断。可见，孙子和《孙子兵法》不仅属于历史，也属于现在，属于未来；不仅属于山东，也属于中国，属于全世界！

4. 全球赞誉

《孙子兵法》东入日本、西传法国、五洲绽放后，受到了全世界军事战略界的强烈关注和极高推崇。在西方，《孙子兵法》

是被当作战争哲学和战争艺术来看待的，其英译名为 *The Art of War*，即"战争的艺术"，便内含从艺术的角度来审视战争，或者把战争当作一门艺术来雕琢打量等，足见《孙子兵法》在国际上的声望之隆。而古今中外各行各业对它的赞誉更是不吝辞藻，数不胜数。所论或赞其兵学地位，或称其语言风格，或颂其哲学风采，或誉其为商业法宝，或总体概论之。此处兹举数例。

赞其兵学地位者，是主要的方面：

吾观兵书战策多矣，孙武所著深矣！孙子者齐人也，名武，为吴王阖闾作兵法一十三篇，试之妇人，卒以为将，西破强楚，入郢，北威齐晋。后百岁余有孙膑，是武之后也。——（三国）曹操

战非孙武之谋，无以出其计运。——（三国）诸葛亮

朕观诸兵书，无出孙武；孙武十三篇，无出虚实。夫用兵，识虚实之势，则无不胜焉。——（唐）李世民

孙武所著十三篇，自武死后几千岁，将兵者有成者，有败者，勘其事迹，皆与武所著书一一相抵当，犹印圈模刻，一不

差跌。——（唐）杜牧

信（指韩信）但用孙武一两言，即能成功名。——（宋）王安石

古之善言兵者，无出于孙子矣。……今其书十三篇，小至部曲营垒、刍粮器械之间，而大不过于攻城拔国用间之际，盖亦尽于此矣。——（宋）苏轼

《孙子》十三篇，论战守次第与山川险易、长短、大小之状，皆曲尽其妙。摧高发隐，使物无遁情，此尤文章妙处。——（宋）吕本中

孙武之书十三篇，众家之说备矣。奇正、虚实、强弱、众寡、饥饱、劳逸、彼己、主客之情状，与夫山泽、水陆之阵，战守、攻围之法，无不尽也。微妙深密，千变万化而不可穷。用兵，从之者胜，违之者败，虽有智巧，必取则焉。可谓善之善者矣。——（宋）戴溪

先秦之言兵者六家，前孙子者，孙子不遗；后孙子者，不能遗孙子。谓五家为《孙子》注疏可也。……要之，学兵诀者，学孙子焉可也。——（明）茅元仪

古今兵法，亡虑数十百家，世所尊为经者七，而首《孙子》。……古今兵法尽于七经，而七经尽于《孙子》。——（明）李贽

孙子上谋而后攻，修道而保法，论将则曰仁智信勇严，与孔子合。至于战守攻围之道，批亢捣虚之术，山林险阻之势，料敌用间之谋，靡不毕具。其他韬钤机略，孰能过之？——（明）谈恺

兵凶战危，将不素习，未可以人命为尝试，则十三篇之不可不观也。——（清）孙星衍

惟《孙子》十三篇，简而赅，精而有则，即其《始计篇》曰"令民与上同意"，则其言近于道，而治国治兵之理，若符券焉。……《孙子》一书，自始计以迄用间，如同条，如共贯，原始要终，层次井井，十三篇如一篇也。至一篇之中，节有旨，句有义，亦靡不纲举目张，主宾互见。……救乱如救病，用兵犹用药。善医者因症立方，善兵者因敌设法。……《孙子》十三篇，无篇不可为法，无句不可为训。——（清）邓廷罗

中国古代大军事学家孙武子书上"知彼知己，百战不殆"

这句话，是包括学习和使用两个阶段而说的，包括从认识客观实际中的发展规律，并按照这些规律去决定自己行动克服当前敌人而说的；我们不要看轻这句话。——毛泽东

孙子的规律，"知彼知己，百战不殆"，仍是科学的真理。——毛泽东

《孙子》是东方兵学的鼻祖，武经的冠冕。——［日］学者尾川敬二

孙子是古代第一个形成战略思想的伟大人物。十三篇是古今中外的第一杰作，连克劳塞维茨在 2 300 多年后所写的《战争论》也是望尘莫及的。——［美］战略学家约翰·柯林斯

《孙子兵法》是世界上最早的军事名作，其内容之博大，论述之精深，后世无出其右者……只有克劳塞维茨堪与孙子伦比……相比之下，孙子的文章讲得更透彻、更深刻，永远给人以新鲜感。——［英］军事理论家利德尔·哈特

世界上所有的军事学院都应把《孙子兵法》列为必修课程。——［英］陆军元帅蒙哥马利

称其语言风格者：

孙武《兵经》，辞如珠玉，岂以习武而不晓文也！——（南朝梁）刘勰

孙武十三篇……今其书论奇权密机，出入神鬼，自古以兵著书者罕所及……辞约而意尽，天下之兵说皆归其中。——（宋）苏洵

若孙子之书，岂特兵家之祖，亦庶几乎立言之君子矣！诸子自荀、扬外，其余浮辞横议者莫与比。——（宋）黄震

孙武之法，纲领精微莫加矣。第于下手详细节目，则无一及焉，犹禅家所谓上乘之教也。——（明）戚继光

孙武子《兵法》，文义兼美，虽圣贤用兵，无过于此。——（明）戚继光

《孙子》十三篇，其精切事理，吾以为太公不能过也。——（明）王世贞

孙、吴、司马穰苴之书，言言硕画，字字宏谟，上筹国

计，下保民生，实以佐大学治平之未逮者。——（清）杨谦

颂其哲学风采者：

孙武的《吴孙子》比较科学地从春秋时期的战争中总结出战争的一般规律，富有丰富的唯物主义的生动的辩证法思想。它是古代一部优秀的兵法，也是一部出色的哲学著作。——冯友兰

就中国历史来考究，二千多年前的兵书有十三篇……那十三篇兵书，便成立中国的军事哲学。——孙中山

《孙子兵法》这部兵法，是研究指导战争最普遍规律的著作……正兵和奇兵，是辩证的统一，是为将者必须掌握的重要法则。奇中有正，正中有奇，奇正相生，变化无穷。——刘伯承

誉其为商业法宝者：

中国古代先哲孙子，是天下第一神灵。我公司员工必须顶礼膜拜，对其兵法认真背诵，灵活运用，公司才能兴旺发达。——［日］松下电器创始人松下幸之助

我成功的法宝是《孙子兵法》。——[美]通用汽车公司前董事长罗杰·史密斯

总体概论者:

在中国有一门显学,字数不多,专业性强,流传甚广。但它不是装神弄鬼的玄学,却是地地道道的唯物主义。论专业,堪称业界圣经;论文笔,足以顶进教科书;论知名度,重量级粉丝如云,影响至今。这门显学就是《孙子兵法》。——刘兆基

······

七　比较视野里的《孙子兵法》

孙子与孙膑是否为同一个人？《孙子兵法》与《孙膑兵法》是否为同一部兵书？《孙子兵法》与《三十六计》究竟存在什么样的关联？《孙子兵法》与同为"世界三大兵书"的《战争论》《五轮书》，各有什么特色、优长？通过比较的视野，或许有助于我们更深入地了解《孙子兵法》思想之深邃与独特。

1.《孙子兵法》与《孙膑兵法》

《孙子兵法》是孙子所著，还是"山林处士"所为？孙子家世如何？结局怎样？孙子和孙膑是同一个人吗？《孙子兵法》和《孙膑兵法》是同一部书吗？……由于史料的匮乏和隋朝之后《孙膑兵法》的散失，自宋以来千百年间，学术界围绕孙子和《孙子兵法》的争论不断，甚至出现了孙子是否确有其人的质疑，堪称学术悬案。一直到 1972 年山东省临沂市银雀山汉墓同时发掘出土《孙膑兵法》和《孙子兵法》等十余种典籍，这桩千古悬案才得以尘埃落定，孙子的身世、面貌也渐渐在世人面前逐渐清晰起来。

事实上，对于孙子与孙膑并非同一人的答案，我们仔细品味司马迁为二人写的传记便可初见端倪。对于孙子的介绍，在司马迁之前，仅在《荀子》《韩非子》中有寥寥数语，一笔带过。而司马迁在《史记》中却两次明确论及孙子及其事迹。一次是《史记·孙子吴起列传》明确记载："孙子武者，齐人也。以兵法见于吴王阖庐。"并用近 500 字的篇幅叙述了孙子受命"吴宫教战"的故事。一次是《史记·伍子胥列传》再次强调："当是时，吴以伍子胥、孙武之谋，西破强楚，北威齐、晋，南服越人。"与此同时，《史记·孙子吴起列传》又记载："孙武既死，后百余岁有孙膑。膑生阿鄄之间，膑亦孙武之后世子孙也。"载明孙膑为孙子之后裔，并用 800 余字的篇幅较详细地记载了孙膑与庞涓同学兵法、出山后斗智斗法的多个故事。这无疑为后人研究孙子、孙膑的生平提供了宝贵线索。不过，对于孙子和孙膑两位杰出且有重要影响的兵家而言，司马迁的"列传"可谓惜墨如金，过于简略，且无其他史料佐证，所以对他们及其兵书的种种猜测似乎也在情理之中了。

1972 年银雀山汉墓同墓出土竹简《孙子兵法》与《孙膑兵法》，1975 年 2 月、1976 年 10 月，经专家组整理、释读、修复和保护的银雀山汉墓竹简《孙膑兵法》和《孙子兵法》相继出版，以无可辩驳的事实证实了孙子和孙膑各有其人，且各有其书，由此为两部兵书的研究翻开了划时代的一页。

孙子，我们前面作了详细介绍，此处不再赘述。孙膑是孙子之后裔，大约比孙子晚一百多年，为战国时期齐国著名军事家。孙膑，本名孙伯灵，因受过膑刑，故后人称之为"孙膑"。又因其生平足迹主要在齐国，故又称"齐孙子"。相传孙膑天资

孙膑像

聪颖、勤奋好学、为人仁厚，曾与庞涓师从鬼谷子研习兵法，练就卓越的军事指挥才能，先后参与指挥桂陵之战、马陵之战，两败庞涓，奠定齐国霸业，在历史上留下了"田忌赛马""围魏救赵""增兵减灶"等著名的军事典故，在田忌因受排挤一同流亡楚国期间著有《孙膑兵法》。

《孙子兵法》前面已有详述，此处主要对《孙膑兵法》作一介绍。《孙膑兵法》又名《齐孙子》，是《孙子兵法》后"孙子学派"的又一力作。《孙膑兵法》最早见于《汉书·艺文志》著录，书中称《孙膑兵法》"八十九篇，图四卷"。但自《隋书·经籍志》起，历代书目均不见其记载，因而人们推断该书大约在东汉末年便已失传。1972 年银雀山一号汉墓出土竹简本《孙膑兵法》，使失传 1 700 余年的古书得以重见天日。1975 年文物出版社出版《孙膑兵法》竹简本，共收竹简 364 枚，分上、下篇，各 15 篇，其中上篇是在孙膑著述和言论基础上经弟子辑录整理而成，多以问答的形式出现，如"田忌问孙子曰""孙子出，而弟子问曰"等。下篇内容虽与上篇相似，但编撰体例上有所不同，尚无充分证据确定是孙膑及其弟子所著。1985 年，文物出版社出版《银雀山汉墓竹简（壹）》，收入

《孙膑兵法》凡 16 篇，系原上编诸篇（15 篇）加上下篇中的《五教法》而成，其篇目依次为：擒庞涓、见威王、威王问、陈忌问垒、篡卒、月战、八阵、地葆、势备、兵情、行篡、杀士、延气、官一、五教法、强兵。

《孙膑兵法》是孙膑多年统兵作战实践经验的总结，被后人称为"兵学遗珍"。与《孙子兵法》相比，它的侧重点有所不同。《孙子兵法》基本论述的是用兵之道，也就是军事理论、战争规律；而《孙膑兵法》强调的是用兵之术，主要是在战役层面提供了一些具体的作战原则、战略战术。

孙膑在很多方面丰富和发展了孙子的思想。比如，孙子阐述了"奇正相生"的用兵原则，孙膑则告诉我们所谓"奇"，就是"以异为奇"，就是跟别人不一样；孙子主张"慎战"，孙膑同样坚持战争一定要慎之又慎，因为"乐兵者亡，利胜者辱"，好战的国家必定灭亡，贪图胜利一定受辱。此外，孙膑还把战争作为布"道"的手段，说："兵者，非士恒势也。此先王之傅道也。"再比如，孙子提出了"任势"的军事思想，主张驾驭战争态势，孙膑则在此基础上提出了创造和争取有利作战态势的各种原则：在敌我实力相当的情况下，先派少量部队，由低级而勇敢的将吏率领，去试探敌人，接战后只许败，不许胜，让主力部队隐蔽地布好阵势，待敌军分兵追击我小部队时，我军从侧翼攻击敌军主力；在面对敌众我寡、敌强我弱的战争态势时，要"让威"，即避敌锋芒，隐蔽好后续部队，同时主力部队将持长兵器的战士排在前面，持短兵器的战士排在后面，选派弩机手援救危急，等待敌人攻击能力下降，再行反击。《吕氏春秋·不二》说："孙膑贵势。"一语点破了孙膑兵法的特点，而所谓"贵势"，是指讲求机变。

2.《孙子兵法》与《三十六计》

"用兵如孙子，策谋三十六。"人们常常把《孙子兵法》与《三十六计》相提并论，现实中也有人觉得它们是一本书，其实两本书的问世相距两千余年：一本诞生于春秋末期，由享誉世界的军事家孙子撰写而成；一本出现于明末清初，由一群书生采集群书编撰而成，至于具体是何时、何人所撰已难确考，二者完全不是一回事。但不论是《孙子兵法》，还是《三十六计》，都是世界军事领域的谋略用兵之书，都是中国古代战略文化的重要组成部分，二者在篇章结构、内容内涵、修书风格、历史地位、群众基础等方面都具有各自鲜明的风格，也存在显而易见的关联性。

在篇章结构上，《孙子兵法》十三篇，六千字左右，从《始计篇》到《用间篇》，其谋篇布局，一篇连一篇，环环相扣，有着军事教科书般的严密的逻辑体系。《三十六计》全书分总说、计名、跋三大块，中间部分是主体，按计名排列，共分六套，每套各包含六计，总共三十六计，其逻辑结构不是那么紧凑严密，似乎也没有什么条理，计与计之间关联不大，且各计之间有重复之嫌，如声东击西与暗度陈仓、釜底抽薪与上屋抽梯、趁火打劫与浑水摸鱼等。从大的方面看，二者没有根本性的区别。

在内容内涵上，《孙子兵法》是军事理论著作，是战略层面的指导思想、大政方针，是站在哲学高度总结提炼出来的军事领域的普遍规律，具有超越时空的军事指导意义。它侧重运用之妙，对于普通人而言显得深奥，甚至可以说有些晦涩难懂，理解把握其精髓要义需要相对较高的古文功底、知识储备，人们很难轻易步入它的殿堂。《三十六计》尽揽古往今来的兵家奇谋，主要是战术层面的方式方法、实操技法，从一般意义上看就是一部兵法实用手册，是战例总结，是一本集百家兵法所长于一体的兵书，内容通俗易懂，即使没读多少书、识不了几个字，都能够说上几计，且拿过来就能用，可操作性强。据此，有论者认为，《孙子兵法》与《三十六计》在某种程度上是"道"与"术"的关系，似乎不无道理。

在修书风格上，《孙子兵法》以其深邃的哲理性和完备的系统性而为人称道，其阐述兵理极具特色，突出特点是舍事而言理，辞约而义丰，具有高度的哲理色彩和抽象性，形成了后世以哲理谈兵的历史传统。《三十六计》被誉为中国最接地气的兵书，它以普通人喜闻乐见的成语、俗语概括兵家谋略思想，每一计都采用大家耳熟能详的成语或民间俗语命名，开兵家谋略普及读本之先河，其语言简洁明快，朗朗上口，要言不烦，简单易懂。此外，以案说计，是《三十六计》修书的又一特色，与《孙子兵法》通篇说理不同，《三十六计》更多的是通过一个又一个具体的战例来说明计谋的运用。所以《三十六计》比《孙子兵法》更容易被人接受、更广为流传，也就是情理之中的事了。

在历史地位上，同为兵书，《孙子兵法》的地位早有定论，其"兵学圣典""古代第一兵书"的地位，无人能撼动。但《三十六计》从被发现以来却争论不休、褒贬不一，双方看法水火不容，反差巨大。褒扬者把它抬到云端，说它是可以和《孙子兵法》比肩的兵家双璧之一，而且认为它集兵家诡道之大成，甚至在诡道方面超过了《孙子兵法》；贬之者把它斥为宣扬尔虞我诈、钩心斗角、欺蒙坑骗、掠夺兼并的阴谋诡计，是小人之术，为君子所不耻。其实，《三十六计》是三十六个计谋，是建立在规律基础上的方法论，本质上是谋划和处理事情的思维方式、智慧韬略，被称为"益智之荟萃、谋略之大成"。所以，《三十六计》绝不是某些人所想象的旁门左道、雕虫小技、阴招损招，如果仅从字面意思就推断其为不道德的小人之术，是不科学的。

在群众基础上，《孙子兵法》在军事界、学术界的认知和认同程度明显高于《三十六计》；而在民间层面，《三十六计》的知名度、熟悉程度比《孙子兵法》要高和广。不难发现，在中国，能熟读《孙子兵法》又能信手拈来的人不多见，而《三十六计》几乎是家喻户晓、妇孺皆知，"瞒天过海""借刀杀人""浑水摸鱼""美人计""空城计""苦肉计""走为上"
等多数国人都能脱口而出。不过要真正参透《三十六计》的要
义和精髓，同样不是一件容易的事，特别是它运用易经的思想
来解读，还是相当"烧脑"的。从这个意义上讲，《孙子兵法》
是阳春白雪，《三十六计》是下里巴人。

此外，《孙子兵法》和《三十六计》都讲"计"，但所表达
的含义全然不同。《三十六计》讲述的"计"是阴谋诡计、奇谋
巧计；而《孙子兵法》中的"计"是计算，是筹划，不是计谋，
它的首篇《始计篇》便强调庙算是战争的第一步，即在庙堂计算
能否获胜，并提出了"五事七计"的计算方法、兵棋推演模式。

当然，作为中国兵书的杰出代表，《孙子兵法》对《三十
六计》的影响是明显而具体的。《三十六计》的战争观念、军
事范畴、辩证思维等多承《孙子兵法》而来，《三十六计》中
诸多计谋多来自《孙子兵法》的诡道思想及对战略战术、军事
心理、军事地形、军事信息等的论述。譬如，《三十六计》中
第一计"瞒天过海"，就是"诡道十二法"中的"能而示之不
能，用而示之不用"思想的体现；第四计"以逸待劳"则是其
"佚而劳之"的灵活运用；第五计"趁火打劫"、第二十计"浑

水摸鱼"等表现的是其"乱而取之"的思想。

可以说，《孙子兵法》和《三十六计》一脉相传。如果说《孙子兵法》奠定了中国兵法艺术的理论基础，那么，《三十六计》则是中国兵法艺术的思考与操作。正如有学者在关于《三十六计》的相关研究中所指出的一样，从《孙子兵法》到《三十六计》，战略思维由繁而简，由抽象而具体，由博大、恢宏而凝练、实用。《三十六计》抽取《孙子兵法》的精髓，导入《易经》的规则，彰显道家的大气，体现儒家的关怀，是中华民族运筹智慧的精华代表。我深以为然。

3.《孙子兵法》与《战争论》

《孙子兵法》《战争论》和《五轮书》被称为世界三大兵书，但各自异彩纷呈。这里着重探讨《孙子兵法》与《战争论》各自的光辉，以便我们管中窥豹，进一步领略东西方军事思想的深邃和魅力。

《孙子兵法》是中国古典兵学体系的杰出典范，《战争论》

是西方近代军事思想的奠基之作。《孙子兵法》诞生于两千多年前中国的春秋时代，《战争论》产生于近代欧洲激烈的作战变革中，都是社会剧烈变动、旧秩序逐步坍塌、新制度孕育生长下的产物。但二者诞生相距两千余年，是完全不同的历史时代、战争环境和文化土壤的结晶。

仔细品味两部经典著作，它们在以下方面有着各自鲜明的风格。具体表现在：

第一，逻辑起点不一样。

孙子受儒家入世态度的影响，以现实的战争作为兵学体系的逻辑起点，以东方哲人的睿智探求用兵之道。从篇章结构看，《孙子兵法》颇似一部简明版的军事教科书。作者严格按照国君将帅们指导战争的步骤来谋篇布局，依据战争的不同阶段为他们提供作战的理论依据和完整的作战策划、指挥程序，最终目的是制胜，即赢得战争。

克劳塞维茨受黑格尔哲学的影响，力图摒弃感性经验的直接性，通过概括规律的间接性认识来反映战争的本质，致力于从战争哲学的高度总结西方从古代到拿破仑时代战争的历史

克劳塞维茨像

经验。他提出与黑格尔"绝对理念"相似的"绝对战争"这一概念，并把它当成自己的战争学说的逻辑起点，要求从绝对形态的战争出发进行理论阐述。

这就决定了《孙子兵法》注重现实战争指导，可操作性强，充满军事行动的辩证法。《战争论》则注重理论建设，对战争学说的基本框架和概念进行了相当缜密、深入的分析。

第二，思维路径不一样。

《孙子兵法》论兵但不囿于兵，而是从大战略的视角观察战争，强调从政治、经济、外交、心理等与军事的广泛联系中来宏观、整体地把握战争全局，并在此基础上努力寻求最优方法，力求达到最佳效果，是一种超越战争本身的大战略观。如第一篇《始计篇》论战争与民心的关系、第二篇《作战篇》论战争与财政的关系、第三篇《谋攻篇》论战争与外交的关系、

第四篇《军形篇》论战争与内政的关系等，都鲜明地体现了这一点。

克劳塞维茨的论兵主要限于战争领域，他不赞成从总体上入手把握战争。他甚至认为这样做只能陷入混乱而一无所获。他的方法是：先研究战争的各个要素，其次研究它的各个部分或环节，最后就其内在联系研究整体，也就是先研究简单的，再研究复杂的。所以克劳塞维茨主要还是就军事论军事，就战争讲战争，是一种相对狭窄的战略观。

第三，作战原则不一样。

主要表现为灵活用兵与强调规则（按既定方案作战）的区别。

《孙子兵法》主张灵活用兵、因情用兵。在作战指挥上要求因敌制胜，灵活用兵；在兵力运用上强调以众击寡，强己分敌；在打击目标上主张"避实击虚"。孙子对作战指挥的最高要求是"用兵如神"。所谓"神"，就是那种"能因敌变化而取胜"的人，核心是一个"变"字，要求将帅根据战场实际情况的变化，灵活变换作战态势和作战方法。

《战争论》注重实力，强调作战计划和指挥的坚定性。克劳塞维茨高度重视兵力的集中问题，认为"无论在战术上还是在战略上，数量上的优势都是最普遍的制胜因素"。强调"打击重心"，主张战略的任务是制订战争计划和战局方案，作战中的一切行动应按计划进行。在他看来，作战指挥的全部困难在于"在实施中始终遵循既定的原则"，"把计划贯彻到底，不因一千个原因动摇一千次"。

第四，战争观念不一样。

这主要体现为"非战论"与"主战论"的区别。《孙子兵法》崇尚理性，开篇即言："兵者，国之大事，死生之地，存亡之道，不可不察也。"把战争列为国家的头等大事，以引起国君、将帅的高度重视。因而，主张"不战而胜""不战而屈人之兵"，尽量避免战争或把战争的灾难降到最低程度，并把它视为战争的最高境界。为此，孙子尚智重谋，强调以谋略胜敌，看重运筹帷幄、出其不意，以及虚虚实实，把"上兵伐谋"作为战略上的最佳选择。在孙子看来，谋略上出奇制胜，外交上纵横捭阖，同样可以达到使敌人受挫的目的，同时可以把自己的损失降到最小的程度。

言總度下五事校証
下七計以探索彼我
虛實之情

孫子

始計第一　此篇先論兵家之大凡後乃次其事詳之

俞州山人王世貞評釋

孫子曰兵者國之大事死生之地存亡之道不
可不察也故經之以五事校之以計而索其情
一曰道二曰天三曰地四曰將五曰法道者令
民與上同意可與之死可與之生而不畏危也
天者陰陽寒暑時制也地者遠近險易廣狹死

導之以政 叙次令

此是人和之效驗

孫子

（明）闵声、闵映张辑《兵垣四编·孙子》书影克劳塞维茨崇尚暴力，强调战场的正面冲杀，把主力决战视为战争最重要的行动，他非常反对中世纪以来盛行的消极被动的军事思想倾向，把战争定义为"暴力行为"，认为"战争是迫使敌人服从我们意志的一种暴力行为"，而暴力的使用是没有限度的，"战争绝对要以消灭敌人为原则"。在他心目中，"绝对战争"作为战争的完美形态，终将是现实世界的必然归宿。俄罗斯著名学者科索拉波夫认为："克劳塞维茨把战争定义为'扩大了的对抗'，这种对抗与把自己的意志强加于人的其他企图的区别在于，在运用某些手段方面双方都无所不用其极，力图粉碎对方的军队，占领或瓜分它的领土，压制抵抗的意志。"（《国外理论动态》1996 年 34 期，第 269 页）

1987 年，美国国防大学教官高德温深有体会："就这两位伟大军事家的不同之处而言，我认为，孙子的思想侧重于计谋和战略，克劳塞维茨则强调暴力。"英国战略学家利德尔·哈特从反思两次世界大战的角度对《孙子兵法》与《战争论》进行了比较：《孙子》写得好，在西方只有克劳塞维茨的《战争论》可以跟它相比，但《孙子》更聪明，更深刻；《孙子》比

《战争论》早两千多年，但比《战争论》更年轻，不像后者强调暴力无限，显得更有节制，如果早读《孙子》，两次大战不会那么惨。

对于《孙子兵法》与《战争论》以上四个方面区别的理解，我们也许还能从国际象棋与中国围棋的区别中获得一些启示。有学者说，《战争论》奉行的是国际象棋策略。国际象棋是消耗战，一开始棋盘上有很多棋子，每颗棋子等级不同，只能按照特定的路线移动，在比赛的过程中，它们逐一被吃掉，最后你手中的棋子寥寥无几，直至杀死国王，取得胜利。《孙子兵法》奉行的是中国围棋策略。中国围棋一开始棋盘上什么都没有，你要用尽可能少的棋子占领、控制更多的领地，其目的不是摧毁对手，而是占领空间，这是一种高效利用资源的策略。在美国发动的越南战争中，美国指挥官威廉·威斯特摩兰将军使用的就是《战争论》主张的国际象棋式战略。他制定的消耗战略，以尽可能多地杀死越南百姓和越共为目标，对越南进行高强度空袭，在中南半岛投下了数千万吨炸弹，比"二战"时美军投弹总量的两倍还多。而他的对手，深知孙子用兵之道的北越将帅武元甲，使用的

（元）佚名绘《三星围棋图》

则是《孙子兵法》倡导的围棋式策略。他把越南作为围棋棋盘来看待，遵循孙子式的"游击"作战原则，命令越共军在全国范围内打一枪换一个地方，而极力避免与占压倒性优势的美军直接正面交锋。这样逐渐化劣势为优势，最终让美国在越南饮恨而归。

通过以上对两部军事著作的比较分析，我们可以看出：

以《孙子兵法》为代表的中国传统兵学注重谋略，强调宏观、整体的指导意义，主张因情用兵、灵活机动，推崇哲学思辨、直觉顿悟，"舍事而言理"。而以《战争论》为代表的西方军事思想则注重实力建设和具体战法，强调局部、微观的分析，强调计划的周密性和指挥的坚定性，侧重逻辑推理，突出军事技术的地位和作用。美国前国务卿基辛格博士在《论中国》中认为，孙子与西方战略学家的根本区别在于，孙子强调心理和政治因素，而不是只谈军事，他将两者合二为一。西方战略家思考如何在关键点上集结优势兵力，而孙子研究如何在政治和心理上取得优势地位，从而确保胜利。西方战略家通过打胜仗检验自己的理论，孙子则通过不战而检验自己的理论。

由此可见，两部著作存在根本的区别，同时又各有千秋：

从一定意义上讲，《孙子兵法》是谋略学的"圣经"，是东方兵学的柱石；《战争论》则是战略学的"圣经"，是西方资产阶级军事理论的基石。《孙子兵法》是中国农战合一孕育的制胜智慧，《战争论》是西方铁血浇铸的兵学精华，二者各有其精妙之处，我们不能简单地肯定一个而否定另一个。我国台湾地区著名军事学家李浴日说，孙子和克劳塞维茨同为世界的兵圣，其书分别为东西方兵学的代表作，这是人所周知的了。《孙子兵法》产生于中国，却成为东方兵学的柱石，克氏《战争论》诞生于德国，却成为西方兵学体系的轴心，就时间来说，他们是"先后辉映"，就空间来说是"东西媲美"，"兵学双璧"的妙喻，实非虚发。这话可以说道出了我们应该如何对待两部兵书的态度。

4.《孙子兵法》与《五轮书》

《五轮书》是日本著名剑客宫本武藏最出色的著作。宫本武藏是日本战国时代末期至江户时代初期著名的剑术家，被誉为一代剑圣，有"不可战胜的武士"之称。他长年致力教授剑术和传播兵法，完成多部著作，其中以《五轮书》最为著名。《五轮书》全书分为五卷，阐述了剑道与兵法的原则、思想、策略，融合了日本剑道、武士道、禅道等文化精神，既是一本兵法谋略大全，又是一部日本文化百科全书。

《五轮书》与《孙子兵法》侧重的层面不同。《孙子兵法》是从兵学的具体实践中，总结、提炼并抽象成兵学概念，既内含极强的哲理性，又具有可操作性，而且以计为首，重视谋略。

《五轮书》更多的是论述兵法的心境和用刀的方法，内容大多停留在战术运用层面。宫本武藏在书中反对空谈剑术，注重战斗中心理动向和身体动作的双重研究，认为兵法的根本就是制胜之道、克敌之法，体现出一种好胜、残忍、视死如归的武士道精神和缺乏思辨的实用主义思想。

综上可见，作为兵书，《孙子兵法》在世界军事领域独树一帜，迄今为止毫无疑义仍然是世界军事理论著作的"天花板"。尤其难能可贵的是，由于它总结了中国古代战争与政治、经济、外交等社会各方面活动的经验，具有超越时空的谋略内涵、道德内涵和哲学内涵，因而在现代政治、经济、外交、科技、商业、社会治理和人生等领域，同样具有非凡的实用价值和社会功能，并被广泛运用于实践。在当今这个动荡频仍、竞争激烈、生存与发展面临深层危机的时代，《孙子兵法》因其蕴含的慎战、控战、先胜、道胜、速胜、全胜，乃至不战而屈人之兵的巨大战略智慧，而愈益为当今政治家、军事家、战略家、外交家、企业家，乃至凡夫俗子所领悟和应用，愈益彰显出其奥妙无穷的艺术魅力。有美国学者曾说，虽然战车已经过时，武器已经改变，但拥有《孙子兵法》思想就会立于不败之地，兵圣思想融入了军事、政治和经济等各个领域。于是，《孙子兵法》又有"伟人智源""军事奇谋""外交桥梁""商业天条""学府圣经""生活秘籍""社交魔方"等种种美誉。

当然，我们今天学习研究《孙子兵法》，不是为了，也不可能从书中找到解决现实生活或企业经营中遇到的具体困难和问题的现成答案，而主要是通过学习古人的经验、学说、理论，结合自身实际，加以深入思考领会，以开阔我们的视野，搞活我们的思路，从而用一种新的角度去重新思考问题，以迎接挑战，在市场竞争中化被动为主动，赢得胜利。诚如黄朴民教授所言，《孙子兵法》的意义，不完全在它兵法的本身，它始终在提醒大家，怎么来对待问题，怎么来把握战争的机遇，怎么来赢得战争的胜利，它是提醒你，不断地提醒你，不断地让人们去思考，不断地给大家始终留下探索的空间。确实，《孙子兵法》六千言，字字珠玑，几无瑕斑，两千多年之后的今天，无论把《孙子兵法》中的任何一句话拿出来剖析，都会散发出真理的光辉。用之于小处它不大，用之于大处它不小。这是《孙子兵法》在中国，乃至世界军事史、军事学术史和哲学思想史上一直占有重要地位，受到历代兵家和学者推崇的重要原因。

后　记

　　呈现在读者眼前的这本小册子，是在国家级一流本科课程脚本的基础上编撰而成的。十八年前的 2005 年秋季学期，第一次尝试为本校学生开设"《孙子兵法》与《三十六计》解读与应用"选修课，当时的我懵懵懂懂，且不知深浅，但也就此与《孙子兵法》结下了不解之缘。随后每期学生选修人数逐渐增多，直至爆棚，一方面反映了国人尤其是大学生对中华优秀传统文化的热爱，另一方面则极大地坚定了我继续深入研习、讲授《孙子兵法》的决心和信心。之后便一发不可收。

　　2017 年秋季开学之际，在线课程学习平台"学堂在线"的业务负责人到了湖南大学，并在学院当时主管教学的副院长的推荐下联系上了我。经过两次长谈，在学校教务处的大力支持下，我跟学堂在线签订了制作《孙子兵法》慕课（大规模开放的在线课程）的合同。紧接着组织慕课内容、设计课程结构，查资料、读文献、写脚本，录制、剪辑、核查、校勘、配字幕等，经过近一年时间的精心准备，慕课于 2018 年 9 月首次在学堂在线平台成功上线运行。2019 年春季中国大学慕课平台同时推出。出乎意料的是，刚推出几期，课程居然就很火爆，社会反响很热烈，每期选修人数居高不下，最多的一期达 1.6 万余人，而且学员的总体评价是肯定和鼓励。

2019 年下半年，教育部开始组织申报国家级一流本科课程，我乘势而上，提交了申报材料。2020 年 10 月底，结果揭晓，课程被认定为首批国家级一流本科课程，2022 年 3 月，入选国家高等教育智慧教育平台。与此同时，课程愈发呈现出自身的鲜明特色：一是打破按篇章授课的传统模式，把《孙子兵法》不同篇章的相关内容整合提炼成一个一个知识点，依据从总体到部分、从宏观到具体的思维理路把知识点进行有机串联讲解；二是讲军事战理，把企业管理、商业竞争、人生智慧等有机融入，既着重《孙子兵法》的历史价值，更凸显《孙子兵法》的现实意义；三是结合实例解说，运用大量实例逐一分析《孙子兵法》中蕴含的各种谋略、战略战术思想等，既有对《孙子兵法》理论层面的深入剖析，也有实践层面的方法运用；

四是融爱国主义教育、国防军事教育、历史人文教育和思想政治教育于一体，在深入了解中华优秀传统文化中提升国人的文化自信。

也许正是因为有了这些特色，多年来课程在全国三大慕课平台和校内选修平台均运行良好。截至 2023 年 10 月，学堂在线慕课平台已推出 12 期，中国大学慕课平台已推出 10 期，智慧树慕课平台已推出 4 期，校内异步 SPOC 平台已推出 9 期，超 10 万人选修受益。

《孙子兵法》，千古名著，常读常新，韵味无穷。近二十年研习、讲授《孙子兵法》，感悟良多，不由得想起了鲁迅先生评《红楼梦》的一段经典语录："《红楼梦》是中国许多人所知道，至少，是知道这名目的书。谁是作者和续者姑且勿论，单是命意，就因读者的眼光而有种种：经学家看见《易》，道学家看见淫，才子看见缠绵，革命家看见排满，流言家看见宫闱秘事……"我想，大家读《孙子兵法》其实也一样：不同的视角读出的韵味也不尽相同——军事家看见谋略战略、用兵之道，政治家看见诡诈权谋、弄权之术，企业家看见智慧商道、制胜良方，才子佳人看见俘获心上人的魔方，而芸芸大众看见的是日常处世之诀窍……瑞士著名汉学家胜雅律形象地称《孙子兵法》为"瑞士军刀",是"万能工具书",可谓一语道尽了《孙子兵法》的广泛适用性。

行文至此,重重谢意不免涌上心头。感谢学堂在线的垂青,感谢湖南大学的支持,感谢复旦大学陈引驰先生的青睐,感谢中华书局贾雪飞女士的精心策划及其同仁的信任鼓励,感谢所有学员对课程的抬爱!此外,课程和本书大量参考、借鉴了历史上和现时代众多专家学者的研究成果,在此一并表示最诚挚的谢意!

本书定位为"通识",意在为宣传和弘扬中华优秀传统文化尽绵薄之力,但愿大家能喜欢。然碍于本人学识浅陋,所撰定有讹误,恳请朋友诸君包容包涵、不吝赐教!

尹世尤　于岳麓山脚下

2023 年 10 月